名·师·教·育·坊

至美与大道

——《道德经》《庄子》精粹选读

主　编　蒲儒刬
副主编　冷莉梅　袁　文　王华美　张　捷
　　　　孙幼佳　薛　涓　任萍华　寇凯华

四川大学出版社
SICHUAN UNIVERSITY PRESS

图书在版编目（CIP）数据

至美与大道：《道德经》《庄子》精粹选读 / 蒲儒刿主编． — 成都：四川大学出版社，2023.4
ISBN 978-7-5690-5787-4

Ⅰ．①至… Ⅱ．①蒲… Ⅲ．①《道德经》－青少年读物②《庄子》－青少年读物 Ⅳ．① B223.1-49 ② B223.54-49

中国版本图书馆 CIP 数据核字（2022）第 207436 号

书　　名：	至美与大道——《道德经》《庄子》精粹选读
	Zhimei yu Dadao——《Daodejing》《Zhuangzi》Jingcui Xuandu
主　　编：	蒲儒刿
丛 书 名：	名师教育坊

丛书策划：梁　平　唐　飞
选题策划：梁　平
责任编辑：陈克坚
责任校对：杨　果
装帧设计：裴菊红
责任印制：王　炜

出版发行：四川大学出版社有限责任公司
　　地址：成都市一环路南一段 24 号（610065）
　　电话：（028）85408311（发行部）、85400276（总编室）
　　电子邮箱：scupress@vip.163.com
　　网址：https://press.scu.edu.cn
印前制作：四川胜翔数码印务设计有限公司
印刷装订：四川煤田地质制图印务有限责任公司

成品尺寸：170 mm×240 mm
印　　张：9.25
字　　数：173 千字

版　　次：2023 年 9 月 第 1 版
印　　次：2023 年 9 月 第 1 次印刷
定　　价：40.00 元

本社图书如有印装质量问题，请联系发行部调换
版权所有 ◆ 侵权必究

扫码获取数字资源

四川大学出版社
微信公众号

序一

唐代兴

偶然的机会,与儒刿老师闲聊,自然三句不离本行。在谈到中学语文如何对接传统文化和本土哲学时,他道出多年在这方面的努力,并撰写了《至美与大道——〈道德经〉〈庄子〉精粹选读》读本,希望我能提点完善的建议。我的本职不在中学,对中学语文教育较陌生,但还是乐意对这方面有所了解,更愿意接受新知。拜读《至美与大道——〈道德经〉〈庄子〉精粹选读》读本,实是感奋不已,亦受益良多。

一

儒刿老师经年如一日地研读诸子原著,尤其是老子、庄子和孔子的思想,以形成对诸子思想的会通理解,由此撰写成这本《至美与大道——〈道德经〉〈庄子〉精粹选读》,其锲而不舍之努力,实令我感叹不已,同时也想起了都德的《最后一课》。

《最后一课》的背景是普法战争之后,战败的法国被迫割让国土。在被割让的土地上,普鲁士强行取缔法语而行德语教育。《最后一课》描写了被普鲁士占领的土地上,一所乡村小学法语老师韩麦尔用母语给学生讲授最后一课,趁告别母语的最后机会,告诉孩子们:法国语言是世界上最美的语言,最明白,最精确。……大家务必把它记在心中,始终别忘它,当了亡国奴的老百姓,要是记牢他们的语言,就仿佛拿着一把开启牢房大门的钥匙。其后,拿破仑推行教育改革,意欲通过振兴教育和文化来雪其战败之国耻。拿破仑政府所推行的教育改革根植于本国的历史,而历史的灵魂是民族的信仰,历史的本体内容是思想,是哲学。所以,以本国哲学为基本内容的哲学课程,构成高中第三年的必修课程,且每周有八课时之多。1808 年,法国正式推出高中哲学单科结业会考制度。对于高中生来讲,其他课程学得再好,若哲学课不能结业,也就毕不了业，拿不到高中毕业证，既不能升学，也给找工作带来巨大阻碍。法国如此重视哲学课程，源于法国教育将哲学定义为通过独立思考来体现自由的教育理念，哲学肩负为有教养的成人公民生活做准备的功能，更在于哲学是本国历史和文化的本体，是民族国家之思想精神、胸襟视野、认知远见的标志，亦是国民自信气质的象征。其实，法国人的浪漫，根源于国民对本国文化的高度自信。这种自信又源于高中哲学的单科结业会考制度，源于在这种制度激励下高中第三年每周八学时的高强度的、以法国哲学为主体内容的哲学学习。因为，本国哲学是本民族思想的灵魂，是本国文化的根脉。

以此看儒剑老师这本集诸子思想精华之《至美与大道——〈道德经〉〈庄子〉精粹选读》读本，其价值和意义的独特性，也就获得应有的突显了。

二

尽管我们兴致勃勃竞相让优秀传统文化进校园进课堂，但对"传统""传统文化"和"优秀传统文化"的理解却有待商榷。

通俗地讲，传统即是民族国家生存奋进的历史积淀，这一历史积淀的内容内凝外化为传统文化：其内化凝聚为民族国家的心灵、人格、信仰、理想以及希望和爱的情感，以及其如此这般存在的底气；外化抽象为民族国家的基本视域、精神向度、整体气质、生存方式和生活风俗等。既体现"性相近"生发"习相远"，也敞开"习相远"回归"性近相"。所谓优秀传统文化，即是民族国家生存奋进历史积淀下来的文化传统的纯的、真的、善的、美的和使"习相远"的人性回归于更"相近"的那些内容。这就是孔子所讲的能够"返本开新"，《八佾》之"周监于二代，郁郁乎文哉，吾从周"[1] 和《为政》之"殷因于夏礼，所损益，可知也。周因于殷礼，所损益，可知也。其或继周者，虽百世，可知也"[2] 的传统文化，才可称得上是优秀的传统文化。

中华文明数千年，优秀的传统文化数千年积累得来，这就形成优秀传统文化的源与流的问题。这个问题并不是无足轻重的，它既涉及中华文化的本体与形式，更涉及中华文化的根源与灵魂、根本与命脉的问题。

中华文化传统，客观地存在大传统与小传统的区分。小传统，是在秦以

---

[1] 钱穆著：《论语新解》，生活·读书·新知三联书店2002年版，第62页。
[2] 钱穆著：《论语新解》，生活·读书·新知三联书店2002年版，第44页。

降，形成于汉、成熟于唐、发展于宋明、极端于清的血缘宗法主义与意识形态有机结合的中央集权专制传统。这一传统就其思想文化言，即是以董仲舒的政治神学为导向的儒家政治文化，它是借孔子、孟子、荀子之可用部分重新整合而成的。具体地讲，作为小传统的儒家政治文化，是取孔子的名分，以孟子的道德主义思想裱其外而使之主导汉以来的学术、文化、教育，以荀子的礼、法思想固其本而主导汉以来的制度、刑法治理和意识形态的专制制度，并最终汇聚生成"三纲五常"之社会结构和实践框架，使天赋的皇权无任何阻碍地由上而下贯通整个社会。要言之，秦以降的小传统，就是儒家政治文化传统，它是学统、道统与政统的统一，或者说是以皇权专制的政统来统驭道统和学统的文化传统。这个传统的成形和成熟形态，就是汉唐经学，其发展和繁荣的形态就是以"上行君道"为指南（即指导思想）的宋明道学和清代实学。

秦以降的小传统，是对大传统决然阻断后而采取实利主义方式的重建，因而，也是根本地抛弃大传统的社会方式和政治运作策略。而大传统，即是中华文明的源头传统，它发轫于远古的神话传说，初成夏、商、西周三代，相对地成熟于东周，具体地讲，就是"道术将为天下裂"的诸子时代。所以，诸子思想和学说，既是中华文化大传统的基本构成内容、精神信仰和思想灵魂，也成为中华文化大传统的集中承载方式和集中呈现形态。

文化，始终是以民族为基本单位。民族的形成、繁衍和发展，总是地域化的。从根本讲，地域环境创造民族文化。以此观之，西方文明的汇聚生成的源头地域是地中海，生存于地中海诸岛上的希腊人，为解决生存问题必须跨越大海，这需要城邦成为生产基本单位和生活中心，所以城邦成为希腊人生存的根本形式，必须邦家职能分离并公私分明，民主传统由此得以建立；同时，更需要关心自然，由此形成希腊早期以关注自然为中心的自然哲学，发展为自然科学并构成传统。如此两个方面展开都集中于理性精神的形成和理性能力的训练，由此形成从自然世界中激发出以生为源泉、以生生为本质规定的自然法则来形塑引领城邦生活的理性精神传统。所以，地域形塑了古希腊的"海天之像"和"理性"法则。与此不同，中华文明汇聚生成的源头地域是三面环山、一面远距大海的黄土高原，广袤的黄土高原和肥沃的土地使任何人只要勤奋，就可用双手创建起"老婆孩子热炕头"的幸福生活。所以，家，才是根本。它既是生活单位，但首先是生产单位。国，相对统治者而言，国家治理的根本是如何将广袤土地上的人民统一起来，使之成为财富的来源。基于这两个方面，特定的地域形塑了中华文明的"土地之像"和"人伦"法则。从史前的远古到夏商西周，中华文化特别地发展出以王权为目的、以天道为依据、以民道为手段的王道主义精神传统。这一王道主义文化精神传统经历东周早期"尊王攘夷"的阵痛和管仲以王霸学强齐的成功实践,而演绎出老子、文子、杨朱、庄子等人的大道学,墨子带领弟子将其民道论发展为民本学说,而其王道论被一分为二,一是孔子和弟子及其再传弟子的王道学说;二是管仲、子产、李悝、商鞅、韩非等人的霸道学说,或曰刑赏学说。

客观地看,诸子创造了诸子时代,但首先是历史创造了诸子和诸子时代。更具体地讲,是西周和东周创造了诸子和诸子时代。因为,西周封建制度建立起周"王室-诸侯"的二元社会结构,这一社会结构既是西周灭亡和东周衰微的内在根源,也成为春秋战国时代社会自由和思想自由的制度土壤。东周早期的"尊王攘夷"到"天子失官,学在四夷",亦成为自由的催化剂,培育出自由的社会土壤,造就这个时代的自由,培育出了士君子们的自由主义思想,诸子于是兴起。激进的法家,诸如管仲、子产等充分发挥自由主义思想鼓吹变革,厉行变法;道家将自由主义思想推向极端,形成从老子无为到庄子唯我的观念;墨家运用自由主义思想,推行兼爱、非攻、尚同、节用;孔子充分释放自由主义思想,探索"以仁入礼"的文道救世道路。但所有这一切各具个性的自由探索,都是围绕如何将分裂了的"道术"予以再造弥合与统一而展开,并提出各具特色的再造社会方案。并且这些方案都基于对社会分裂及兼并战争的深度思考,管仲及其刑赏主义的顺性足欲方案,体现对战争的包容与运用。老子和孔子的救世思考,体现对战争的抗拒和否定,但老子认为解决战争的永久性方案,是去智灭欲,顺道而在;孔子认为解决战争的根本方策,是再造"以仁入礼"的文明,因而求知育德,崇道而行。再结合稍后的墨子及墨学,诸子思想勃发于历史倒退论与历史发展观,以及由此形成的战争主义与反战主义,构成这个时代所有思想思潮和各种思想产生的直接社会动力。仅战争与反战而言,由历史倒退论和历史发展观演绎出两相对峙的思想主线:以战止战的战争主义,以法家为主;反战主义出现三大派别,以老子为首的大道之学,以孔子为宗的仁礼之学,以墨子为宗的民生之学,是不同形式不同取向的反战主义。老子是反战的激进主义,认为人为的已有一切才是战争的根源;孔子是修正主义,认为只有以仁入礼才可阻止战争;墨子是实行主义,认为只有行动才可阻止战争。

只有在中华文化思想大传统形成的如上历史语境的大框架中,才可真正理解《至美与大道——〈道德经〉〈庄子〉精粹选读》的整体设计和内容选择为何要以诸子思想为主题的根本考虑。

三

后世一直固执于"儒道互补"的观念模式,创造和植入这种观念模式的近世者们,他们的依据是秦以降所产生出来的经学和道学,与诸子时代的思想进路和诸子的思想学说实无多大关联。因为,第一,所谓的"儒家",产生于汉,"儒"字虽在诸子文本中偶有出现,但诸子时代其实没有儒家;第二,诸子时代也没有道家,"道家"一说也是产生于"罢黜百家,独尊儒术"的学说意识形态化之语境;第三,按"儒道互补"的观念,是用所谓的"道家"去补"儒家",但在实际的诸子时代的诸子学说中,无论孔学,或是孟学或荀学,与管仲和韩非子所开辟的刑赏之学联系紧密,并在荀学中形成明显的"礼法互补"之势。在大道之学中,唯文子的思想吸收了孔学的一些思想,而老学、杨学(即杨朱之学)和庄子,却与孔学、孟学、荀学之间体现完全不同的两种思想理路。孔学,是以自由主义思想来重建王道和邦道的学说,它的学说的核心即道德哲学和政治哲学都贯通自由思想,尤其张扬政治自由。但其后来的孟子和荀子却从根本上悄然地解构了孔子的自由思想而回归于正统的王道,这是秦以降的儒家统治意识为何只取孔子之名而实用孟荀思想的根本秘密。而老、文、杨、庄一脉相传的大道之学,虽然也原发于远古及至夏商西周所形成的王道主义之天道观,但却超越了王道主义的桎梏而达于宇宙创化论和存在论,并以此反观人世存在、社会、人,呈现为一般意义的形而上学、本体论、政治哲学、伦理学和知识论。文、杨、庄三子从不同方面弘大了老子的创发:相对而言,文子更倾向于形而上学;杨朱弘大了老子的伦理思想而成为那个时代最伟大的伦理学家,孟子之"天下之言不归杨则归墨"[1] 揭示了杨朱"唯我""贵生"的伦理思想被社会所接受的盛况,但杨朱的伦理思想和人生哲学不为秦以降的作为统治意识形态的儒家学说和集权政治所容忍而被压制最后至于泯没;庄子弘大了老子的宇宙创化论和存在论,开出独响于后世的大道生存论。

或许正是基于如上认知,《至美与大道——〈道德经〉〈庄子〉精粹选读》读本设计体现两个方面的考虑:一是阅读的主题范围选择诸子而不涉及汉唐经学和宋明道学;二是对阅读的主题内容设计,确立以庄、老思想为"核心阅读",将孔、孟思想纳入"对比阅读"的范围。这是基于政治和伦理虽然是人

---

[1] 方勇译注:《孟子》,中华书局 2010 年版,第 121 页。

的群化存在和生存敞开的两个基本维度,但伦理和政治都须围绕人成为人而展开;并且,对伦理的悦纳和政治的认同必须建立在一般认知论基础上,对于个人来讲,如何面对政治和伦理所需要的一般认知论智慧,必是超越具体的伦理和政治的宇宙创化论意义上的存在论、生存论和人生论,这是《至美与大道——〈道德经〉〈庄子〉精粹选读》的"核心阅读"以庄子思想为主导来反向牵引出老子思想的根本考虑。

四

在一般意义上,认知论有形而上学认知论和主体学认知论。前者立足于宇宙创化和世界存在;后者注目于生命创化和人的存在。因而,以宇宙创化和世界存在为视域和主题的认知论,探讨的是存在的大道;以生命创化和人的存在为视域和主题的认知论,探讨的是生存的大美。或曰,道在存在世界之中,美在人的世界之中。但美虽然因为人而显发,其根源和本体却在存在世界之中,所以道才是美的源泉,即通过对宇宙创化和存在世界的体认而悟得并觉解其大道,自然而然地生成出值得滋养的至美。这是《至美与大道——〈道德经〉〈庄子〉精粹选读》读本的宏观认知框架,这一宏观认知框架呈现出由存在世界向人的世界、由宇宙到人生的生成逻辑,这一生成逻辑就是人的认知应该从觉解大道走向领悟至美的存在。

人来到这个世界上,既不是为了"自找苦吃",也不是为了在贫困中励志和在励志中继续贫困而以贫困为幸福,以贫困的幸福来感恩他者,而是为避免如上这一切,人与人在一起共同过上优良的生活。所谓人人"在一起"的"优良的生活",其实就是善的生活、美的生活,或可说"生存、自由和幸福"的生活。这是人人向往的,但要使之成为现实,既需要国家能持守其"善业"(亚里士多德语)的本性和本分,更需要个人成为善者和美者,并且当人人都有成为善者和美者的意愿和努力时,国家才可能保持其"善业"的本性和本分。苏格拉底讲,人在本性上不会作恶,人作恶是因为无知。基于此一基本的人性认知,苏格拉底提出人要真正过上成为人的"优良的生活",必须学会认知自己。因为认知自己,是一切认知的起点,也是一切认知所达及的最终归宿,那就是通过认知自己而认知他人,认知世界,认知宇宙创化生变之道和人生成长之自由与超越之道。以此来看《至美与大道——〈道德经〉〈庄子〉精粹选读》读本设计十课内容,为何要从"认知自己"始,而至于"自由与超越"结束的原因,因为它遵循的是人的认知逻辑。并且,从"认知自己"起步,达于人生存在的"自由与超越"之境,并不能一蹴而就,它展开为艰难的认知过程。首先,认知自己是激发求真知的本性、形成探求真知的态度,这是获得真知的前提,只有以此出发才可激活真爱的本性、生发真爱的欲求和释放真爱的情感。只有在"真人真知"之自我引导下,才可客观对待"争"与"不争"的问题。在生活过程中,并不是"争"就是不好的,也不是"不争"一定是好的。争与不争的问题,涉及自然之勇或本能欲求,也涉及法则或限度,但相对他者、社会及其共生存者言,争与不争的问题牵涉出两个方面:一是于己于人于物于事之"用"与"不用"和"有用"或"无用"地看待睿智滋养和取舍方法的训练;二是为事为物为己为人的约束意识、限度和边界智慧,具体表征为对善或非善的辨别能力和处理机智。对始终处于认知成长过程中的人来讲,立世处事要能做到当争者争而不当争者不争,不仅需要具备善恶意识和智慧,更需要训练"为善去恶"的能力和激发美其美和化丑为美的天赋。这就要求认知跳出狭窄的自我而面向生生不息的存在世界和宇宙创化,进入内外互化之境,领悟生死相生之法,驭人道与天道互为转化之轮,以达于真正的生存超越和存在自由。

《至美与大道——〈道德经〉〈庄子〉精粹选读》读本,表面看结构很简单,且具有形态学意义上的平面感和呆板性,但如仔细体会,就会发现它呈多向度的开放性互生和共生的逻辑。这一互生和共生的逻辑进入第三层面,就是"课"的内容结构,首先是导语,作为阅读的话题引导;重心却是"核心阅读";围绕"核心阅读"而展开,行深度拓展之"对比阅读"和横向拓展之"拓展阅读",然后收拢为"思考活动",最后再行放开,予以"阅读迁移引导"。展开"由点到面"至"因面而点"再"以点促面",即每课的"阅读迁移引导"以三部不同主题的著作构成一个发散性的阅读之"面",这个"面"却催化着学生与老师共进退的认知、思想和美的成长。

(唐代兴,四川师范大学二级教授,荣誉教授,国务院政府特殊津贴专家,四川省学术和技术带头人)

序二

罗晓晖

语文教学的一个根本性任务,就是要使学生成为会思考、有思想的人。如果做不到这一点,"立德树人"是必定会落空的。假如一个人不知何谓"德","立德"就无从谈起;假如一个人不会思考,那么"人"就无法"树"得起来。人之为人,是天然地具备思考的潜力的,这种潜力可以被合理的教育唤醒而成为现实的力量。对于中学生而言,他们不是缺乏思考的潜力,而是缺乏恰当的引导;抑或教师给出了思考的引导,但又缺乏足够的思想资源。

没有思想资源的大脑,不太可能产生有价值的思想。没有思想资源的大脑即便有正常的思考方式,也会陷入徒劳无功的空转。

语文学习作为母语学习,传统文化中的思想资源是理所当然的首选。语言是思维的外在形式,理解母语中精深的思想表达,这是语文学习的需要,是人生成长的需要,也是弘扬优秀传统、确立文化自信的需要。思想资源的匮乏,危及学生的长远发展,也危及学生的短期需要——中学生作文为何陷于集体肤浅甚而至于言不及义的局面,主因就在于思想资源的匮乏。这些年来,在蒲儒刘老师主导下,他和他的团队研究孔孟老庄并开发出课程,实质上就是在为学生提供思想资源。从这个意义上说,蒲老师及其团队开发这一系列课程并出版专著,是很有功德的事。

这本《至美与大道——〈道德经〉〈庄子〉精粹选读》,是根据蒲老师对经典的研究而形成的课程构想编写的。本书从《道德经》《庄子》中抽绎出"认识自己""真人真知""争与不争""为善去恶""有用无用""内外之化""美与丑""生与死""天道与人道""自由与超越"十个内容话题,既符合老庄精义,也符合建构健全价值观的课程要求。十课的排列次第,由伦理而哲学,也符合学生认知顺序。本书篇幅不长,体虽不大,其思甚精。立足于老庄,旁及于孔孟,印证以西哲,取精用弘,命意深远。在我所见的思想类课程读物中,本书在内容取舍上是非常精当的。

在课程设计方面,本书的逻辑性很强,凝聚着团队的思考,更贯彻了蒲老师倡导理性思辨、突出思维发展的语文教学思想。例如阅读选文部分，每课均明示"内容链"，呈现编选的逻辑，为读者提供理解的思路。随举第二课为例：

　　本课核心阅读选文内容链：①不知—②知止—③无知—④真人真知—⑤心斋—⑥坐忘—⑦众妙之门。
　　本课对比阅读选文内容链：①定·静·安·虑·得—②知之为知之—③逝者如斯夫。

　　本课的"核心阅读选文内容链"，包括了蒲老师提炼的老庄学派认识论的主要内容，也明确标示出蒲老师所理解的认知发展的基本逻辑。这就使得读者容易把握认识论的内在结构，使得分散于《道德经》《庄子》中的片段内容被整合起来。这看似简单，实则很难，需要以对老庄的全盘把握为基础，需要有相当敏锐的学术洞察力。"对比阅读选文内容链"则呈现儒家的认识论，让读者通过儒、道比较，更深刻地体察到道家认识论的特色。在我看来，架构课程的核心就在于对课程内容的深度理解和自主整合，舍此则不可能创造出有价值的课程。蒲老师的这个体例，让我由衷地敬佩。

　　在具体内容的编排上，有原文呈现、大意试译、思维评析等几个环节。看得出，选文颇见眼光，而"思维评析"部分尤见功夫，充分表现了作者的识见。譬如书中认为"逍遥游"就是对"生命工具化"的反对，此乃直达对本质的认识。我粗看了一遍书稿，觉得精义甚多，无法一一列举，读者开卷，自有所得。

　　我个人对老庄读得不多也不熟，理解既无法全面，更无法深刻。而通览书稿，对老庄大貌轻松地就有了大致的掌握，这意味着全书的逻辑和体系非常清晰。读得轻松，而有所得，这种欢喜是难以言喻的。至于本书细节处，我一边拜读也一边思考，竟也偶有意外的启发。比如书中用两个小故事诠释"特操"，可谓鞭辟入里，脉络分明，但又启发出我新的思考。对"罔两问景"，我的理解是，庄子认为事物与其投影是相互依存的，并无所谓"特操"，也不需要"特操"；而"庄周梦蝶"的"物化"，说到底就是忘却事物之间的边界，要确定人或蝴蝶的"特操"是困难的也是不必要的。这当然不过是我的臆测，这两个故事的内涵究竟是什么需要再作研究——我想表达的是，本书内容的选择与排列及编者的评析，本身就是具有启发性的。它一方面给出编者见解，一方面又为读者保留了拓展思考的空间。在我看来，作为课程，这是极为宝贵的——最好的课程不是把思维锁死，而是要提供编者的思考路径，并为思维创设出更多的可能。

  蒲儒刭老师致力于语文教育事业，热爱传统文化，探求思辨之道，逐渐形成了"力主理性思辨、突出思维发展、重视文化品格"的语文教育思想。他的思想跟我不谋而同，但我们各在一地，道虽有同而罕相为谋。他跟我接触不多，而每次相见，则蔼然有君子之风。蒲老师年长于我而宅心仁厚，若称之曰"仁兄"，真是意外的贴切。如今蒲兄编定此书嘱我作序，我虽不敏亦自当勉力。念及蒲兄与我皆近退休，心下慨然有叹；读罢此书，又觉平生亦有所托，不致辜负年华。愿这本书能被更多读者接受和欣赏，当然这需要缘分——能接受到博大精深的思想的洗礼，这是幸运；能接触满注心血的课程，这也是幸运。我自己很珍惜这种缘分，因为伟大的思想和形塑思想的课程永远是稀有而珍贵的。

  （罗晓辉，成都市教育科学研究院语文教研员、语文室主任，四川师范大学特聘教授，四川省中语会学术委员会副主任，中国高等教育学会语文教育专业委员会理事，成都七中原语文备课组组长）

洞见：大道·天行
（代自序）

蒲儒刬

老庄与孔孟，一道一儒，相嵌相融，对立互补，为中华精神文化根底。与《论语》《孟子》比较，老庄著作不易懂，这与其言语形式不无关系，更与深植于其里的独特价值选择、核心思想、思维方式方法关系极大。

我们尝试从老子和庄子著作的核心概念入手，寻得抵达有关思想的思维通道，以使读者便捷、精准进入其文本。

老子和庄子是道家代表人物，"道"就是其思想核心或核心词，而儒家也有其"道"，人们常常用"仁"标示其核心思想，合而称"仁道"，又由于关注重点在"人"和社会，而用"人道"称之；与之相对，称老庄之道为"天道"，可儒家也关注"天"，有其"天道"，基于老庄对"大"的标举，故而我们用"大道"标示老庄思想核心，以区别之。

"天行"就是"游"。"游无何有之乡""游乎尘垢之外""游物之初""游方之外""游方之内""游乎四海之外""游于无有""游心于淡""游无朕""游于无穷"等，都有一个"游"字，在老庄的语境里，它既有远离实地之意，还有流动不居、逍遥悠游的意态，更有高蹈飘逸、卓然不俗的魅力；如果用思维学的言语表达，就是指天马行空般的想象、冥思苦索后的灵感与顿悟，或者是与理性、分析性的思维相对的悟性、直觉等非理性思维样态。

为便于理解，我们在老庄思想的核心词"大道"后加一个有空间感的词"世界"二字，即为"大道世界"。

老庄的大道世界是全新的或颠覆性的、理想的、智慧的自然世界。

老子是第一个提出自然之道的人，其观点主要有三个方面的内容：一是"道生天地"。道作为独立实体，它是万物之根，"道生一，一生二，二生三，三生万物。万物负阴而抱阳，冲气以为和"[①]，这是在探究世界本原。二是面

[①] 陈鼓应注译：《老子今注今译》，商务印书馆2020年版，第233页。

对自然世界的惊异。"视之不见，名曰'夷'；听之不闻，名曰'希'；搏之不得，名曰'微'。此三者不可致诘，故混而为一。其上不皦，其下不昧，绳绳兮不可名，复归于无物。是谓无状之状，无物之象，是谓惚恍。迎之不见其首；随之不见其后。执古之道，以御今之有。能知古始，是谓道纪。"[1] 其中的"无""恍""惚""希""夷""微"等词足以见得道玄奥模糊，令人惊异；而"无"最具代表性，它不是空间意义上的空无一物的纯粹虚无，而是存在状态的不可确定和不可把握，老子又常常把它与"有"连接起来，说它们是"同出而异名"的"玄"，这虚虚实实、恍恍惚惚的道，令人不可思议。三是有关体道的"神秘经验"。老子认为按照常规认知方式不能进入道的世界，"道可道，非常道"[2]"为学日益，为道日损。损之又损，以至于无为"[3] 说的就是要用反传统言语方式、反传统思维方式，进入直悟世界，回到世界本身。

　　庄子继承并发展了老子的自然观，他认为道在自然中，道就是自然世界。最著名的就是他在《知北游》篇中的"东郭子问道"："东郭子问于庄子曰：'所谓道，恶乎在？'庄子曰：'无所不在。'东郭子曰：'期而后可。'庄子曰：'在蝼蚁。'曰：'何其下邪？'曰：'在稊稗。'曰：'何其愈下邪？'曰：'在瓦甓。'曰：'何其愈甚邪？'曰：'在屎溺。'东郭子不应。庄子曰：'夫子之问也，固不及质。正获之问于监市履狶也，每下愈况。汝唯莫必，无乎逃物。至道若是，大言亦然。周遍咸三者，异名同实，其指一也。'"[4] 庄子的"道在蝼蚁""道在稊稗""道在瓦甓""道在屎溺"之说，意义不仅仅在于说明道在万物，还在于说明自然世界具有现实世界——当然包括世俗的社会完全不同的品质，在《秋水》中有"以道观之，物无贵贱；以物观之，自贵而贱""骐骥骅骝，一日而驰千里，捕鼠不如狸狌，言殊技也"[5]，是在告诉我们，世间万物都有其独特价值和尊严，人并不能认为自己就是这个世界的中心，否则便是"坎井之蛙"，在自然面前人只是沧海一粟，自然是无限的，而人只是极有限的存在物。

　　庄子还认为自然万物的无限性构成了世界的丰富性。"以差观之，因其所大而大之，则万物莫不大；因其所小而小之，则万物莫不小；知天地之为稊米也，知豪末之为丘山也，则差数睹矣。以功观之，因其所有而有之，则万物莫不有；

---

[1] 陈鼓应注译：《老子今注今译》，商务印书馆2020年版，第126页。
[2] 陈鼓应注译：《老子今注今译》，商务印书馆2020年版，第73页。
[3] 陈鼓应注译：《老子今注今译》，商务印书馆2020年版，第250页。
[4] 陈鼓应注译：《庄子今注今译》，中华书局1983年版，第613页。
[5] 陈鼓应注译：《庄子今注今译》，中华书局1983年版，第452页。

洞见：大道·天行（代自序）

因其所无而无之，则万物莫不无。知东西之相反而不可以相无，则功分定矣。"①持此观点看待世界，就会瓦解人自以为是的狂妄，从而在全新的视角下获得全新的视野——颠覆世俗世界的陈腐观念而发现无穷无尽的、创新的活力。

自然世界呈现其本身，那我们如何感知"道"呢？庄子用"忘我"的经验方式。"忘我"就是舍弃现实世界里人们习以为常的自我中心意识。他在《大师宗》里说到因"忘"而得道："吾犹告而守之，三日而后能外天下；已外天下矣，吾又守之，七日而后能外物；已外物矣，吾又守之，九日而后能外生；已外生矣，而后能朝彻；朝彻，而后能见独；见独，而后能无古今；无古今，而后能入于不死不生。"②这里的"外天下""外物""外生"就是"忘"，"朝彻"就是旭日东启，"见独"则是获得属于自己而又与外部世界关联的独特体验。"堕肢体，黜聪明，离形去知，同于大通"③的"坐忘"更是忘却物欲、尘世规范而进入大道的全新境界。然而"忘我""坐忘"之"忘"又非斩断与现实关联、超感觉的、绝对纯净的冥想，而是进入变幻万端、仪态丰富的自然境地和全新境界，正如他在《齐物论》中所描述的南郭子綦经由"吾丧我"之后进入的和谐完美"天籁"之境。

大道世界是经由想象力抵达的、混沌或整体的、美的世界。

《老子》第十五章有对体道者形象的描写："古之善为士者，微妙玄通，深不可识。夫唯不可识，故强为之容。豫兮若冬涉川；犹兮若畏四邻；俨兮其若客；涣兮其若释；敦兮其若朴；旷兮其若谷；混兮其若浊；孰能浊以静之徐清；孰能安以动之徐生。保此道者，不欲盈。夫唯不盈，故能蔽而新成。"④可见体道者静极而动、敦厚而飘逸的人格形象。这很容易让人联想到庄子《天下》中"独与天地精神往来"⑤的"真人"⑥——高迈凌越、超凡脱俗、格局宏大。还让我们联想到《逍遥游》中"藐姑射之山"⑦的美得说不出的"神人"，甚至振翅南飞、俯视大地、变幻莫测的鲲鹏，甚至蜩与学鸠、高耸入云的大椿、御风而飞的列子等。那一个个故事、寓言以及其中小小人物、小小动物，残缺的、丑陋的人物，畸形的树木……这些不乏美的因子的林林总总的一切。

---

① 陈鼓应注译：《庄子今注今译》，中华书局1983年版，第452页。
② 陈鼓应注译：《庄子今注今译》，中华书局1983年版，第202页。
③ 陈鼓应注译：《庄子今注今译》，中华书局1983年版，第226页。
④ 陈鼓应注译：《老子今注今译》，商务印书馆2020年版，第129页。
⑤ 陈鼓应注译：《庄子今注今译》，中华书局1983年版，第939页。
⑥ 陈鼓应注译：《庄子今注今译》，中华书局1983年版，第186~187页。
⑦ 陈鼓应注译：《庄子今注今译》，中华书局1983年版，第25页。

因此，老子和庄子特别是庄子的一大能耐，在于触笔生辉，化腐朽为神奇，化庸常为惊异，化丑陋为美丽。

而庄子秘密武器在于"物化"。《庄子·达生》中有："工倕旋而盖规矩，指与物化而不以心稽，故其灵台一而不桎。忘足，屦之适也；忘要，带之适也；知忘是非，心之适也；不内变，不外从，事会之适也。始乎适而未尝不适者，忘适之适也。"[①]"物化"就是与对象世界打通，不分彼此，合二为一。《庖丁解牛》中的"庖丁"[②]做到了，"濠梁观鱼"[③]"庄周化蝶"[④]中的庄周也做到了，庄子因此读懂了"鱼"，享有了美，也奉献给中华文化以美的经典。同在濠梁上的那位惠子因为没能力"物化"，也就读不懂庄子，看不到就在眼前的美。

"物化"，说得直白些，就是去功利化，用审美的眼光看世界。一般而言，人与世界除存在对象化的、实利的或功利的关系外，还有非对象化的、超功利的、审美化的关系。前者指人要把我们面对的对象——物理世界等一切客观对象，也包括除自身以外的人作为达成某种现实目标的工具，从而获得物质利益、功名诉求等实际好处。后者则摆脱一切利害的、实际利益关系，仅仅把对象世界作为欣赏、观照对象，以获得审美愉悦。为达成目标，前者要求在观念上把对象世界与主体自身截然二分，并利用必要的工具和手段，诉诸实际行动作用并改造对象世界。其特征：一是观念上的"求同"——把对方统一于自身意愿和目的，二是行为上的"强力"和"宰制"——改变对象而使之成为自己想要的模样。后者则并不把对象与自己分开，而是用自己的想象力，用想象、联想、灵感、顿悟等心智力量，达成对对象世界的洞见。其特征在于：求通与和谐——观念上或心灵上与对方互动相融，联结为一体。沿着审美化这条通道，我们就明白读懂老庄的路径和策略了。

大道世界是超越的世界——超越功利、生命、情感、自我、理性认知的思维方式以及世俗价值观的世界。

庄子的超越，是绝对的超越。

首先他跨越的是功名利禄等世俗牵累和羁绊。《逍遥游》中的鲲鹏之大之美，却并不是他心仪的对象，因为它尚且"有待"，他虽则是世俗意义上的成功者，但却因"有待"而不自由，庄子要的是斩断一切世俗功利纽带，完完全全、彻彻底底的自由。因此楚王高位以待，让其管理天下，他"持竿而不顾"，

[①] 陈鼓应注译：《庄子今注今译》，中华书局1983年版，第529页。
[②] 陈鼓应注译：《庄子今注今译》，中华书局1983年版，第106页。
[③] 陈鼓应注译：《庄子今注今译》，中华书局1983年版，第476页。
[④] 陈鼓应注译：《庄子今注今译》，中华书局1983年版，第101页。

洞见：大道·天行（代自序）

他视魏国相位为"腐鼠"，嗤之以鼻。

其次是对生命与情感的超越。《庄子·至乐》中有："庄子妻死，惠子吊之，庄子则方箕踞鼓盆而歌。惠子曰：'与人居，长子、老、身死，不哭，亦足矣，又鼓盆而歌，不亦甚乎！'"[1] 一般人跟惠子一样会觉得庄子无情无义，行为怪异，不可思议，但看看庄子自己的解释："庄子曰：'不然。是其始死也，我独何能无概然！察其始而本无生，非徒无生也而本无形，非徒无形也而本无气。杂乎芒芴之间，变而有气，气变而有形，形变而有生，今又变而之死，是相与为春秋冬夏四时行也。人且偃然寝于巨室，而我噭噭然随而哭之，自以为不通乎命，故止也。'"[2] 原来他是经历了由"概然"动情的哀伤而后"察"之以理性的沉思，最终"通乎命"——抵达超越情感与生命的境界。《齐物论》中"形如槁木，心如死灰"就是这一人生境界的表征。

再次是对自我的超越。前面讲过面对自然万物能够"齐物"，面对对象世界能够自知有限和渺小，面对俗世牵绊能够超越功利，最为核心的就是人自身能消除主体意识、自我中心、自我价值，这当然就是对自我主体的超越了。鉴于已有阐述，故不再展开。

最后是对理性认知的思维方式以及世俗价值观的超越。对大道世界——自然世界、美的世界、超越世界等，老子和庄子特别是庄子，如何实现联结而又超越呢？用他们自己的话说，就是"心斋""坐忘""莫若以明""游"等；用现代心理学、思维学术语讲，就是不能用理性认识的抽象概念、抽象分析、理性判断和推理等思维形式，而要用非理性的思维形式和方法，诸如想象与联想、直觉与体悟、灵感与顿悟等形式和路径。实现思维形式这种转变的背后支撑在于价值观念的改变，即从追求统一、宰制的世俗观念转向追求全新的自由、灵动的价值目标。

故而我们可以符合逻辑地得出结论：大道世界是一个回归心灵、修炼心智的心灵世界，拿孟子的话说，就是一个"反求诸己"的心灵世界。

基于上述认知，我们编写此书，就是希望读者能循着老庄的思维路径进入其思想境域，习得其思维策略和思维技能。同时我们希望在与以孔孟为代表的儒家相关经典文本、西方思想家的经典语句语段的对读中，实现思想激辨和思维打通，并期待在儒道与老庄思想、东西方思想的互通交融、互相激发中为我所用，获得强大心智力量。

---

[1] 陈鼓应注译：《庄子今注今译》，中华书局1983年版，第484页。
[2] 陈鼓应注译：《庄子今注今译》，中华书局1983年版，第484页。

目　录

第一课	认识自己	1
一	核心阅读	1
二	对比阅读	7
三	拓展阅读	10
第二课	真人真知	12
一	核心阅读	12
二	对比阅读	20
三	拓展阅读	21
第三课	争与不争	24
一	核心阅读	24
二	对比阅读	32
三	拓展阅读	34
第四课	为善去恶	37
一	核心阅读	38
二	对比阅读	44
三	拓展阅读	46
第五课	有用无用	48
一	核心阅读	48
二	对比阅读	56
三	拓展阅读	58
第六课	内外之化	60
一	核心阅读	60
二	对比阅读	67
三	拓展阅读	69

第七课 美与丑 ………………………………………………………… 72
    一 核心阅读 ………………………………………………………… 72
    二 对比阅读 ………………………………………………………… 78
    三 拓展阅读 ………………………………………………………… 79

第八课 生与死 ………………………………………………………… 82
    一 核心阅读 ………………………………………………………… 82
    二 对比阅读 ………………………………………………………… 91
    三 拓展阅读 ………………………………………………………… 92

第九课 天道与人道 …………………………………………………… 95
    一 核心阅读 ………………………………………………………… 95
    二 对比阅读 ………………………………………………………… 101
    三 拓展阅读 ………………………………………………………… 103

第十课 自由与超越 …………………………………………………… 106
    一 核心阅读 ………………………………………………………… 106
    二 对比阅读 ………………………………………………………… 115
    三 拓展阅读 ………………………………………………………… 117

参考文献 ………………………………………………………………… 119

后   记 …………………………………………………………………… 122

第一课　认识自己

有一则小笑话这样讲：老和尚让小和尚去云游，老和尚给了小和尚一把雨伞遮蔽风雨，又给了他一个包袱存放物品，并嘱咐他："莫要弄丢了雨伞、包袱和你自己哈！"小和尚有些痴呆，老和尚就教他念口诀："雨伞、包袱、我""雨伞、包袱、我"……

不料，小和尚摔了跤，爬起来后，看看手中雨伞在，摸摸背上包袱也在，就是找不到"我"了！

他大哭。

路人问他为何哭。小和尚说："我把'我'丢了！"那人摸摸他的光头说："这不就是你吗?!"小和尚恍然大悟，破涕为笑。

这真是一则启人心智的好故事。想想，我们常人，还有一些所谓的聪明人，往往会不经意地丢失自我，或不能直面自我、把握自我，进而造成种种遗憾或缺失。

人首先要认识自己，才能成长，才有成就。

本课核心阅读选文内容链：①白驹过隙—②胡蝶梦—③有涯无涯—④道心无形—⑤自知知人—⑥玄同境界。

本课对比阅读选文内容链：①闻道弘道—②克己复礼—③浩然之气。

本课拓展阅读选文内容链：①认识自己—②自爱爱人。

一　核心阅读

（一）白驹过隙

【原文呈现】 人生天地之间，若白驹之过郤，忽然而已。注然勃然，莫不出焉；油然漻然①，莫不入焉。已化而生，又化而死，生物哀之，人类悲之。

至美与大道
——《道德经》《庄子》精粹选读

解其天弢②，堕其天袠③，纷乎宛乎，魂魄将往，乃身从之，乃大归乎！不形之形，形之不形，是人之所同知也，非将至之所务也，此众人之所同论也。彼至则不论，论则不至。明见无值，辩不若默。道不可闻，闻不若塞。此之谓大得。

——选自陈鼓应《庄子今注今译》第 608 页①

【难点注释】①滰（liú）然：形容万物的变化消失。②弢（tāo）：弓袋。③袠（zhì）：通"帙"，书套。

【大意试译】人生在天地之间，就像阳光掠过空隙，瞬间而已。万物蓬蓬勃勃，没有不生长的，变化衰萎，没有不死去的。已经变化而生，又变化而死，生物为之哀伤，人类感到悲痛。解开自然的束缚，毁坏自然的囊裹，变化转移，精神消散，身体随着消逝，这是返归大本呢！由无形变成有形，由有形返于无形，这是大家都知道的，并不是得道的人所追求的，这是众人所共同谈论的。得道的人是不议论的，议论的人是不能得道的。从明处寻找就不会真正有所体察，宏辞巧辩不如闭口不言。道是不能听闻到的，听闻便不如塞耳不听，这才是真正的得道。

【思维评析】用"白驹过隙"来比喻人生，按照一般理解，庄子是想表明，每个人的一生极其短暂。但他要表达的意思远不止于此，他说在蓬蓬勃勃的"生"与自然而然的"死"之间有一个"化"作为连接物——这个"化"就是变化、流变的过程，任何人的一生都是由"化"而生，又由"化"而死，由生到死是一个自然而然的过程或现象——大归或宗本，人们没必要因为自己的人生过程结束而"悲哀"！

这听起来有些令人费解。

庄子想说什么呢？原来他要的是"大得"——体察大道的人所追求的道理。按照我们对庄子哲学思想的有限理解，他在这里至少想表明如下几点人生感悟：一是人生短暂和变化，这是改变不了的。既然每个人一生是自己主观上改变不了的极其短暂的自然过程，与其花费心思去苦恼、去抱怨甚至去徒劳宣泄，不如坦然面对并接受这个基本事实。二是与人生的"化"——短暂的过程、不易把握的变化相对的还有"不化"，即可以把握恒定的、确定的、永恒的一面。赫拉克利特说"人不可能两次踏入同一条河流"，就是说人至少可以有一次踏入同一条河流，而这个"一次"，就是我们可以抓住的"当下"。三是

---

① 陈鼓应注译：《庄子今注今译》，中华书局 1983 年版。本书所选《庄子》中条目均以此注译本为依据，故以下不再注释说明。

庄子认为永恒的"不化",还有人的"内不化"——精神境界,我们可以通过心性修炼让自己强大起来以至于"不化"。四是用"物化"——审美的人生态度看待人生。"凡物无成与毁,复通为一",人与"物"包括自己的一生可以用"通"来获得意义与价值,即用一双慧眼看世界,与物为春,而不是汲汲于功名,我们的人生就别开生面。

(二) 胡蝶梦

【原文呈现】昔者庄周梦为胡蝶,栩栩然胡蝶也,自喻适志与!不知周也。俄然觉,则蘧蘧然①周也。不知周之梦为胡蝶与,胡蝶之梦为周与?周与胡蝶,则必有分矣。此之谓"物化"。

——选自陈鼓应《庄子今注今译》第101页

【难点注释】①蘧蘧(qú)然:僵直的样子。一说忽然觉醒的样子。

【大意试译】从前庄周梦到自己变成蝴蝶,翩翩飞舞的一只蝴蝶,遨游各处悠游自在,根本不知道自己原来是庄周。忽然醒过来,自己分明是庄周。不知道是庄周做梦化为蝴蝶呢,还是蝴蝶做梦化为了庄周呢?庄周和蝴蝶必定是有所分别的。这种转变就叫"物化"。

【思维评析】梦人人都做过,庄子这样的"蝴蝶梦"就未必都做过了。庄子的"梦"很简单:他说曾经梦中变成一只蝴蝶——自己活生生感觉到了——而且感觉到心里美滋滋的!这些都好懂。问题是梦醒之后庄子的一番议论大有深意,为什么他梦醒时分还分不清自己与蝴蝶?显然是在卖关子——引发我们思考一个所谓"物化"的问题。

庄子的"物化",就是自己与蝴蝶"互化"。醒来之后,是什么东西使自己做了一场与蝴蝶彼此不分的美梦?结论是自己的"心力"所致,什么"心力"会如此神奇呢?原来就是一种由自己的情感驱动、想象力连接的审美态度和心理,使自己暂时抛开现实中的牵绊,获得了暂时的审美享受与自由。

其实在我们熟悉的庄子与惠子《濠梁观鱼》的故事里,庄子之所以知道"鱼之乐",道理也在于此,而惠子用太过世俗功利的标准和眼光来看待庄子,二者当然不在一个频道上;"其嗜欲深者,其天机浅"就是谜底,孔子曾说"甚矣吾衰也!久矣吾不复梦见周公"①,是不是太过忙于事务,而不能"物化",就少了"梦"呢?

---

① 钱穆著:《论语新解》,生活·读书·新知三联书店2002年版,第154页。

一方面做人要"物化"，与物相通；另一方面做人还得"独化"，有自己的"特操"（独立性）才是自由的、美妙的。如果一个人总是像"罔两"——影子一样与别人亦步亦趋、寸步不离跟随别人，而无自己的"特操"，请问这样的人还是他自己吗？

（三）有涯无涯

【原文呈现】 吾生也有涯，而知也无涯。以有涯随无涯，殆已；已而为知者，殆而已矣。为善无近名，为恶无近刑。缘督以为经，可以保身，可以全生，可以养亲，可以尽年。

——选自陈鼓应《庄子今注今译》第 104 页

【大意试译】 我的生命是有限度的，而知识是没有限度的，以有限度的生命去追求没有限度的知识，就会弄得很疲困；既然这样还要去汲汲追求知识，就会弄得更加疲困不堪了！做世俗上的人所认为的"善"事，不要有求名之心，做世俗上的人所认为的"恶"事，不要遭到刑戮之害。顺着自然的理路以为常法，就可以保护身体，可以保全天性，可以奉养双亲，可以享尽天年。

【思维评析】 显然，庄子不是表达不要去追求无穷的知识，而是采用隐喻的方式表达自己的养生观点，阐释自己的思想。生命有限，当自珍惜，但如果执着于追求本身，不能自拔，人生将走入危险之地。遵循世间之"道"，即遵循事物的运行规律，遵循行事规律，则可借势而行，顺势而为，走向成功。遵循自然规律，这规律就是庄子所言之"道"。

我们所熟悉的《庖丁解牛》也用生动形象的故事讲述了这个道理。庖丁顺应牛的结构，以刀刃之"无厚"入"有间"，"恢恢乎其于游刃必有余"，所以用刀十九年"刀刃若新发于硎"。文惠君从中得养生之道，这个"道"就是顺应生活规律，遵循生命规律，方能永葆生命之活力。顺应规律，就少一些欲望和内耗，没有内耗则清心，清心则充满活力。相反，违背规律而为，则事倍而功半，精神倦怠。

（四）道心无形

【原文呈现】 非彼无我，非我无所取。是亦近矣，而不知其所为使。若有真宰，而特不得其朕[①]；可行已信；而不见其形。有情而无形。

百骸、九窍、六藏，赅而存焉，吾谁与为亲？汝皆说之乎？其有私焉？如是皆有为臣妾乎？其臣妾不足以相治乎？其递相为君臣乎？其有真君存焉？如求得其情与不得，无益损乎其真。

一受其成形，不亡以待尽。与物相刃相靡，其行尽如驰，而莫之能止，不亦悲乎！终身役役而不见其成功，苶然②疲役而不知其所归，可不哀邪！人谓之不死，奚益！其形化，其心与之然，可不谓大哀乎？人之生也，固若是芒乎？其我独芒，而人亦有不芒者乎？

——选自陈鼓应《庄子今注今译》第53页

【难点注释】①朕（zhèn）：端倪。②苶（nié）然：疲困之状。

【大意试译】没有它（种种情态），就没有我，没有我它就无从呈现。我和它是近似的，但不知道是由什么东西指使的。好像有"真宰"，然而又寻不着它的端倪。可通过实践来验证；虽然不见它的形体，它本是真实存在的而不具形象的。

百骸、九窍、六脏，都是很完备地存在我的身上，我和哪一个部分最亲近呢？你都一样地喜欢它们吗？还是有所偏爱呢？如果同等看待，那么就把它们当成臣妾吗？难道仆从就谁也不能支配谁吗？难道它们是轮流做主仆吗？或者有"真君"存在其间呢？无论求得"真君"的真实情况与否，对它本身的真实存在都不会有什么影响。

人一旦秉受天命而成形体，便要不失其真性以尽天年，和外物接触便互相摩擦，驰骋追逐于其中，而不能止步，这不是很可悲的吗！终身劳劳碌碌而不见得有什么成就，疲惫困苦而不知道究竟为的是什么，这不是很可悲的吗！这样的人生虽然不死，但又有什么意思呢！人的形体逐渐枯竭衰老，人的精神又困缚其中随之销毁，这可不是莫大的悲哀吗？人生在世，本来是这样的昏昧吗？难道只有我一个人这样的昏昧，而别人也有不昏昧的吗？

【思维评析】如何接近"道心"？——忘我。"忘我"是个体自觉地没有"我"的观念，是没有任何机心的"我"，是一个纯粹的我，即没有了"我执"，就没有了"我"之外的任何对立之物。无形的道心成为"我"的真宰。具有了道心，生命就进入无所待的境界。无所待的境界就是《逍遥游》中"至人无己，神人无功，圣人无名"的境界。道心无形，如何化为生命的"真宰者"？一则个体所承担、所追求的与外界无关，同时与内心无关，不执着于内外事物。个体言行一旦与内心情绪与外界物质有关系，就免不了落入情感、情绪的内耗。内耗会消解精神与身体。叔本华曾说：人生最大的痛苦就在于欲望的无穷无尽和无法最后满足。人，有欲望，就有情绪，有情绪就有内耗。放下欲望，自觉而行，顺应宇宙间万物的规律，"道心"自然具有。

（五）自知知人

【原文呈现】 知人者智，自知者明。胜人者有力，自胜者强。知足者富，强行者有志。不失其所者久，死而不亡者寿。

——选自陈鼓应《老子今注今译》第 201 页①

【大意试译】 认识别人是智慧的，能够了解自己的才是高明的。战胜别人的人是有力的，克服自己的人才算坚强。知道满足的就是富有。努力不懈的就是有志。不离失根基的就能够长久，身死而不朽才是长寿。

【思维评析】 生活中，常常遇见这样的情况：对别人评点头头是道，却不能理性评点自我。同样的情况放在别人身上，我们会看出问题，在自己身上，却浑然不知，或者不愿意面对。认识自我既需要清醒的智慧，也需要克服内心情绪的干扰。指点别人改正缺点很轻松，让自己改变却很难。缺点就好像自身器官的组成部分，如何割舍？人很容易看不清自身缺点。看不清，就辨不出，何以改变？改变需要个人的智慧与勇气，具备改变自身的能力方为强者。庄子认为"道"是万事根基，顺应道，个体没有消耗，自然长长久久。庄子从精神的高度表达对长寿的理解。庄子将死，弟子欲厚葬他。庄子却要"以天地为棺椁"②，安寝于自然。人死最后回到自己的"家"——自然。这一伦理思想是对死亡的最美解释，是生生不息的形象表达。有形的身体回归自然，无形的精神依然长存方为长寿。

（六）玄同境界

【原文呈现】 知者不言，言者不知。塞其兑，闭其门，挫其锐，解其纷，和其光，同其尘，是谓"玄同"。故不可得而亲，不可得而疏；不可得而利，不可得而害；不可得而贵，不可得而贱。故为天下贵。

——选自陈鼓应《老子今注今译》第 277 页

【大意试译】 有智慧的人是不多言说的，多话的就不是智者。塞住嗜欲的孔窍，闭起嗜欲的门径，不露锋芒，消解纷扰，含敛光耀，混同尘世，这就是玄妙齐同的境界。这样就不分亲，不分疏；不分利，不分害；不分贵，不分

---

① 本书所选老子《道德经》中条目均出自陈鼓应：《老子今注今译》，商务印书馆 2020 年版，故以下不再注释说明。

② 陈鼓应注译：《庄子今注今译》，中华书局 1983 年版，第 903 页。

贱。所以为天下所尊贵。

【思维评析】玄同的境界是心灵的至高境界，这一境界的特征是玄妙与齐物。玄同之境没有亲疏、利害和贵贱，一切源于自然与万物的本真状态。如何实现玄同的境界？玄妙在于内敛与无欲。玄同是玄妙之结果呈现，人如果有欲望就有情绪，有情绪就有精神消耗。精神消耗加重情绪，不断消耗个体精神。所以智慧之人无欲，在他们心中，亲疏、利害和贵贱都是等同的——万物玄同。根本在于关闭个体欲念，无欲则刚，不是浑浑噩噩消极度日，也不是"躺平"式的消极应对，而是要不执着于空想与执念地自然而为。

达到玄同的境界源于个体主动践行，所行之事是个体自然主动而为。

二　对比阅读

（一）闻道弘道

【原文呈现】子曰："朝闻道，夕死可矣。"

——选自钱穆《论语新解》第 84 页①

子曰："人能弘道，非道弘人。"

——选自钱穆《论语新解》第 375 页

【大意试译】先生说："人如果早上明白了真（道）理，即使晚上就死去也是值得的。"

先生说："人能弘扬仁道，不是仁道来弘扬人。"

【思维评析】这一段话常常被人们引用，它强调人的一生应该有价值追求，而不应当仅仅用活着的时间长度来衡量其价值；真理的价值与生命同等重要，真理是可以用生命来换取的。

首先人要修养自身，扩充自己，提高自己，才可以把道光大；反过来说，以道弘人，不主动去做、不从自己的"心"开始，把所谓"道"用来装点门面，消费概念，哗众取宠，那就不是真正的君子的作为了！人与道，这两者的关系是不可以颠倒的。

---

① 本书所选孔子《论语》一书中条目均出自钱穆：《论语新解》，生活·读书·新知三联书店 2002 年版，以下不再注释说明。

（二）克己复礼

【原文呈现】颜渊问仁。子曰："克己复礼为仁。一日克己复礼，天下归仁焉。为仁由己，而由人乎哉？"颜渊曰："请问其目？"子曰："非礼勿视，非礼勿听，非礼勿言，非礼勿动。"颜渊曰："回虽不敏，请事斯语矣。"

——选自钱穆《论语新解》第 273 页

【大意试译】颜渊请教如何行仁——人生正途，孔子说："能够克制和约束一己私欲，让自己的行为回复到礼的要求上，就是仁（的做法）。一旦人这样做了，那么天下的人都会赞许他是仁人。做仁义的事情是完全靠自己的，难道还能靠别人吗？"颜渊说："希望指点一些具体做法。"孔子说："不合乎礼的不去看，不合乎礼的不去听，不合乎礼的不去说，不合乎礼的不去做。"颜渊说："我虽不够聪敏，请你允许我去实行这番话。"

【思维评析】"克己复礼"一直是孔子行"仁"之关键。如何"克己复礼"，视听言行必合乎礼。"礼"是孔子追求"仁"之境的具体方法。首先，"克己"，是个体内心主动与自觉地践行，主动遵循礼的要求，方可归仁。其次，复礼的具体方法是视听言行合乎礼的要求。礼就是践行仁德的具体行为标准。"克己"是"复礼"的前提，没有任何目的的自觉行为，个体主动自觉为之的行为将复礼提升到道德境界。

（三）浩然之气

【原文呈现】（公孙丑问曰）："敢问夫子恶乎长？"

曰："我知言，我善养吾浩然之气。"

"敢问何谓浩然之气？"

曰："难言也。其为气也，至大至刚，以直养而无害，则塞于天地之间。其为气也，配义与道；无是，馁也。是集义所生者，非义袭而取之也。行有不慊[①]于心，则馁矣。我故曰，告子未尝知义，以其外之也。必有事焉，而勿正，心勿忘，勿助长也。无若宋人然：宋人有闵其苗之不长而揠之者，芒芒然归，谓其人曰：'今日病矣！予助苗长矣！'其子趋而往视之，苗则槁矣。天下之不助苗长者寡矣。以为无益而舍之者，不耘苗者也；助之长者，揠苗者也——非徒无益，而又害之。"

——选自杨伯峻《孟子译注》第 62 页①

【难点注释】①慊（qiǎn）：快，不满足。

【大意试译】（公孙丑问道）："请问老师长于哪一方面？"

（孟子）说："我善于分析别人的言辞，也善于培养我的浩然之气。"

（公孙丑）又问道："请问什么叫浩然之气呢？"

（孟子）说："这就难以说得明白了。那一种气，最伟大，最刚强。用正义去培养它，一点也不加伤害，就会充满上下四方，无所不在。那种气，必须与义和道配合；缺乏它，就没有力量了。那一种气，是由正义在内心长期积累而形成的，不是靠偶然的正义行为来获得的。只要做一件于心有愧的事，那种气就会疲软了。所以我说，告子不曾懂得义，因为他把义看成是心外之物。（我们一定要把义看成心内之物）一定要培养它，但不要有特定目的；时时刻刻地记住它，但是也不能违背规律地帮助它生长。不要学宋国人那样。宋国有一个担心禾苗不长而去把它拔高些的人，十分疲倦地回到家，对家里人说：'今天我累坏了！我帮助禾苗长了！'他的儿子跑到地里去看，禾苗都枯槁了。其实天下不帮助禾苗生长的人是很少的。以为培养工作没有益处而放弃不干的，就是种庄稼不除草的懒汉；违背规律地去帮助它生长的就是拔苗的人。这种助长行为，不但没有益处，反而会伤害它。"

【思维评析】浩然之气，是心灵状态的外在表现，是一种精神力量。它可感知，而不可具体描绘。孟子形象地告诉我们，培养浩然之气至少有四点：首先浩然之气需要用强大的直与义来培养。直与义是前提，是所提之"纲"。直，包含真诚与正直的意思；义，即正义，是与邪恶相对立的一种心灵状态，要求人在各种情况中，说话做事要正当，要用理性做判断。其次，浩然之气是"集义所生"，必须要循序渐进，不断积淀。再次，浩然之气不是单一的心灵状态，而是集仁义与道德为一体的心灵状态。最后，培养浩然之气还源于个体自觉地、永不停息的积累与践行，它不由外界力量帮助达成，也不从外界的角度去衡量。

---

① 本书所选《孟子》中条目均出自杨伯峻：《孟子译注》，中华书局 1960 年版，以下不再注释说明。

三 拓展阅读

（一）认识自己

【原文呈现】 人啊，认识你自己。①
没有经过审察的人生是不值得过的。②
我想，所以我是。③

【思维评析】 认识自己，才能引导自身追寻适宜之"道"。人偏偏就容易在群体中迷失自我。群体中的每一个人是不同的，个体差异客观存在。可生活中，人总会在群体比较中放大自己对差异的不满，模糊甚至忽略差异存在的客观性，所以人很难认识自我。设想我们把自己悬于屋子的天花板上，而自己就坐在屋子中，悬在天花板上的"我"全方位观察屋子中的"我"，你就会看到自己之前看不到的特点。反思就是这样一个"看""我"的过程，有利于真正认识自我。苏格拉底之语犹如棒喝，让我们自省，走进自我心灵，从而认识自我。自省是理性的思考，是找到真"我"的路径，理性思考体现人的存在与尊严。

（二）自爱爱人

【原文呈现】 我们首要职责就是对自己负责，我们的原始情感是以自我为中心的，我们所有的原始活动都与我们的生存和幸福息息相关。因此，我们身上最早出现的第一个正义感不在于我们应该如何对别人，而在于别人应该怎样对我们，这也是一般教育的错误之一。④

【思维评析】 人虽然有自我反思能力，但人自知很难；人要对自己负责——自爱，也很难，但他又必须自爱，否则可能意味着有自己生命的失去、

---

① 任厚奎、欧阳荣庆、徐开来、罗忠枢编著：《西方哲学概论》，四川大学出版社1988年版，第40页。
② 彭刚著：《西方思想史十二讲》，人民文学出版社2022年版，第17页。
③ [法]笛卡尔著，王太庆译：《谈谈方法》，商务印书馆2013年版，第27页。
④ [法]让-雅克·卢梭著，李兴业、熊剑秋译：《爱弥儿——论教育》，人民教育出版社2017年版，第98页。

价值的空悬等严重后果，同时可能累及家人、他人，甚至危及社会。

对自己负责——自爱，首先是爱自己的身体。从日常生活做起，衣食住行，健康饮食，运动锻炼，做一个健康的人。危急时候，善于保护自己。对自己负责——自爱，还要特别维护自身尊严，包括独立人格尊严、凭所拥有能力证明自己的价值而获得尊重等。对自己负责——自爱，也应包括要拥有自己的个性和独立内心世界等。

对自己负责——自爱，是人作为价值性存在的必需和起始。

人与人之间的爱是生命的阳光，又是生命的聚合力。人，各美其美，仁者爱人，美美与共，世间阳光普照。

思考与活动

【思考探究】

1. 人人都活着，这是一个基本事实，但是并不是每个人都有意识思考过自己活着的意义或价值。请尝试思考自己当下人生价值何在。

2. 比较文中提及的儒道两家对人生价值的理解和思考的同与不同，看看各自有哪些可取之处。

3. 请尝试罗列自己的优长与不足，并结合课中所学想想如何提升自己。

【尝试阅读】

1. 龚群著：《人生论》，中国人民大学出版社1991年版。

2. ［美］马丁·塞利格曼著，任俊译：《认识自己接纳自己》，万卷出版公司2010年版。

3. 傅佩荣著：《自我的意义》，北京理工大学出版社2011年版。

4. 梁漱溟著：《人心与人生》，上海人民出版社2018年版。

5. ［美］布琳·布朗著，邓樱译：《归属感》，中信出版集团2019年版。

6. ［印］吉杜·克里希那穆提著，若水译：《重新认识你自己》，深圳报业集团出版社2010年版。

第二课　真人真知

　　《礼记·礼运》里面说人的"七情六欲"是喜、怒、忧、思、悲、恐、惊和眼、耳、鼻、舌、身、意，泛指人的各类生理和心理需求和欲望。事实上，食欲和求知欲才分别代表了人的生理需求和心理需求的核心部分，说得更准确些，对未知世界的探究——求知，就像一个人每天要吃饭甚至必须吃三餐一样不可或缺。

　　聪慧的道家敏锐地从求知里细分出"不知""无知""知止"等范畴，而且断言"有真人然后有真知""嗜欲深者天机浅"，在儒家也有"知之为知之，不知为不知，是知也"等看法，西方哲人苏格拉底则说"知识即美德，无知即罪恶"。看起来，对于求知这一基本需求，中外先贤都有他们的思考。

　　先贤们的思考给我们留下了哪些有价值的思想养料？又会引发我们哪些思考？

　　本课核心阅读选文内容链：①不知—②知止—③无知—④真人真知—⑤心斋—⑥坐忘—⑦众妙之门。

　　本课对比阅读选文内容链：①定·静·安·虑·得—②知之为知之—③逝者如斯夫。

　　本课拓展阅读选文内容链：①人·河流—②爱真理—③理智·真诚。

一　核心阅读

（一）不知

　　【原文呈现】蘧①伯玉行年六十而六十化，未尝不始于是之而卒诎②之以非也，未知今之所谓是之非五十九非也。万物有乎生而莫见其根，有乎出而莫见其门。人皆尊其知之所知而莫知恃其知之所不知而后知，可不谓大疑乎！已乎已乎!且无所逃。此所谓然与,然乎?

——选自陈鼓应《庄子今注今译》第733页

【难点注释】①蘧(qú):姓。②诎(qū):贬斥。

【大意试译】蘧伯玉活了六十岁而六十年来随年变化与日俱新,何尝不是年初时认为是对的而年终时又转过来认为是错的,不确定现今所认为是对的而不是五十九岁前认为是错的。万物有其产生却看不见它的本根,有其出处却寻不见它的门径。人人都尊崇自己的才智所了解的知识,却不懂得凭借自己才智所不知道而后知道的知识,这能不算是最大的疑惑吗?算了!算了!没有什么办法可以逃避这样的情况。这就是对的吗,果真是对的吗?

【思维评析】这段话庄子用蘧伯玉的人生经历证明,人们很容易满足于眼前的已知而忽视目前才智认识不到的未知的价值;还说人们似乎总是自设"认知陷阱"——庄子对此表达了深深的不满与疑惑;而由质疑进而突破种种认知局限,是人摆脱"宿命"的前提。

(二) 知止

【原文呈现】始制有名,名亦既有,夫亦将知止,知止可以不殆。譬道之在天下,犹川谷之于江海。

——选自陈鼓应《老子今注今译》第198页

【大意试译】万物兴作就产生了各种名称,各种名称已经制定了,就知道有限度,知道有所限度就可以避免危险。道存在于天下,有如江海为河川所流注一样。

【思维评析】老子与庄子,都认为"物"的世界是显见的,我们可以给它命名,可以理性认知,而人的认知止于此;还有一个"道"的世界则只有非理性认知才可以抵达,如果混淆二者就会有危险性,因此要极力避免。

(三) 无知

【原文呈现】知北游于玄水之上,登隐弅①之丘而适遭无为谓焉。知谓无为谓曰:"予欲有问乎若:何思何虑则知道?何处何服则安道?何从何道则得道?"三问而无为谓不答也,非不答,不知答也。

知不得问,反于白水之南,登狐阕之上,而睹狂屈焉。知以之言也问乎狂屈。狂屈曰:"唉!予知之,将语若,中欲言而忘其所欲言。"

至美与大道
——《道德经》《庄子》精粹选读

知不得问,反于帝宫,见黄帝而问焉。黄帝曰:"无思无虑始知道,无处无服始安道,无从无道始得道。"

知问黄帝曰:"我与若知之,彼与彼不知也,其孰是邪?"

黄帝曰:"彼无为谓真是也,狂屈似之;我与汝终不近也。夫知者不言,言者不知,故圣人行不言之教。道不可致,德不可至。仁可为也,义可亏也,礼相伪也。"

——选自陈鼓应《庄子今注今译》第 596 页

【难点注释】①隐弅(fèn):弅,突起;隐弅,虚拟地名。

【大意试译】知向北游历来到玄水岸边,登上名叫隐弅的山丘,正巧在那里遇上了无为谓。知对无为谓说:"我想向你请教一些问题:怎样思索、怎样考虑才能懂得道?怎样处身、怎样行事才符合于道?由什么路径、采用什么方法才能获得道?"问了好几次无为谓都不回答,不是不回答,而是不知道如何回答。

知从无为谓那里得不到解答,便返回到白水的南岸,登上名叫狐阕的山丘,在那里见到了狂屈。知用同样的问题问狂屈,狂屈说:"唉!我知道,正要告诉你,可是心中正想说话却又忘记了那些想说的话。"

知从狂屈那里也没有得到解答,便转回到黄帝的住所,见到黄帝向他再问。黄帝说:"没有思索、没有考虑方才能够懂得道,没有居处、没有行为才能够符合于道,没有路径、没有方法方才能够获得道。"

知于是问黄帝:"我和你知道道,无为谓和狂屈不知道道,那么,谁是正确的呢?"

黄帝说:"那无为谓是真正正确的,狂屈接近于正确;我和你则始终未能接近于道。知道的人不说,说的人不知道,所以圣人施行的是不用言传的教导。道是不可以招致的,德是不可以达到的。仁是可以作为的,义是可以亏损残缺的,礼是相互虚伪的。"

【思维评析】这段话继续讲对"道"或真知的体察不能用"知"的方式来完成,而只能用"无知"的方式才能进入"众妙之门"。文本虽然涉及"知""无为谓""狂屈""黄帝"四个角色,但"黄帝"的回答集中表明回到真朴状态、用有别于理性的非理性思维方式,是进入对"道"体察的"妙门"。在道、德、仁、义、礼五者之中,庄子把道与仁、义、礼置于对立的两极。

（四）真人真知

【原文呈现】知天之所为，知人之所为者，至矣。知天之所为者，天而生也；知人之所为者，以其知之所知，以养其知之所不知，终其天年而不中道夭者，是知之盛也。

虽然，有患。夫知有所待而后当，其所待者特未定也。庸讵知吾所谓天之非人乎？所谓人之非天乎？

且有真人而后有真知。何谓真人？古之真人，不逆寡，不雄成，不谟①士。若然者，过而弗悔，当而不自得也；若然者，登高不慄，入水不濡，入火不热。是知之能登假于道者也若此。

古之真人，其寝不梦，其觉无忧，其食不甘，其息深深。真人之息以踵，众人之息以喉。屈服者，其嗌②言若哇。其耆③欲深者，其天机浅。

古之真人，不知说生，不知恶死；其出不訢，其入不距；翛④然而往，翛然而来而已矣。不忘其所始，不求其所终；受而喜之，忘而复之，是之谓不以心损道，不以人助天。是之谓真人。

若然者，其心忘，其容寂，其颡頯⑤；凄然似秋，煖然似春，喜怒通四时，与物有宜而莫知其极。

故圣人之用兵也，亡国而不失人心；利泽施乎万世，不为爱人，故乐通物，非圣人也；有亲，非仁也；天时，非贤也；利害不通，非君子也；行名失己，非士也；亡身不真，非役人也。若狐不偕、务光、伯夷、叔齐、箕子、胥余、纪他、申徒狄，是役人之役，适人之适，而不自适其适者也。

古之真人，其状义而不朋，若不足而不承；与乎其觚而不坚也，张乎其虚而不华也；邴⑥乎其似喜乎！崔乎其不得已也！滀⑦乎进我色也，与乎止我德也；厉乎其似世也！謷⑧乎其未可制也！连乎其似好闭也，悗⑨乎忘其言也。

以刑为体，以礼为翼，以知为时，以德为循。以刑为体者，绰乎其杀也；以礼为翼者，所以行于世也；以知为时者，不得已于事也；以德为循者，言其与有足者至于丘也；而人真以为勤行者也。故其好之也一，其弗好之也一。其一也一，其不一也一。其一与天为徒，其不一与人为徒。天与人不相胜也，是之谓真人。

——选自陈鼓应《庄子今注今译》第185页

【难点注释】①谟（mó）：谋划。②嗌（ài）：堵在喉里。③耆（shì）：通"嗜"。④翛（xiāo）：自由无拘。⑤颡頯（sángkuí）：额宽大。⑥邴（bǐng）：

安畅。⑦滀（chù）：水聚。⑧謷（ào）：通"傲"，高放自得。⑨悗（mèn）：无心的样子。

【大意试译】知道自然的作为，并且了解人的作为，这就达到了认识的极点。知道自然的作为，是懂得事物出于自然；了解人的作为，是用他智慧所通晓的知识哺育、熏陶他智慧所未能通晓的知识，直至自然死亡而不中途夭折，这恐怕就是认识的最高境界了。

虽然这样，还是存在问题。人们的知识一定要有所待的对象才能认定是否正确，而认识的对象却是不稳定的。怎么知道我所说的本于自然的东西不是出于人为呢？怎么知道我所说的人为的东西又不是出于自然呢？

况且有了"真人"方才有真知。什么叫作"真人"呢？古时候的"真人"，不拒绝微小，不自恃成功，也不谋虑事情。像这样的人，错过了时机不后悔，赶上了机遇不得意。像这样的人，登上高处不颤栗，下到水里不会沾湿，进入火中不觉灼热。这只有知识达到与道相合的人方才能这样。

古时候的"真人"，他睡觉时不做梦，他醒来时不忧愁，他吃东西不求精美，他呼吸时气息深沉。"真人"呼吸是从脚跟运气，而一般人呼吸则靠喉咙吐纳。议论被人屈服时，言语吞吐喉头好像受到阻碍一般。凡是嗜欲太深的人，他们天然根基就浅了。

古时候的"真人"，不懂得喜悦生存，也不懂得厌恶死亡；出生不欣喜，入死不拒绝；无拘无束地就走了，自由自在地又来了罢了。不忘记自己从哪儿来，也不寻求自己往哪儿去，承受什么际遇都欢欢喜喜，忘掉任其复还自然，这就叫作不用心智去损害大道，也不用人的作为去辅助自然。这就叫"真人"。

像这样的人，他的内心忘掉了周围的一切，他的容颜淡漠安闲，他额头宽大恢宏；冷肃得像秋天一样，温暖得像春天一样，一喜一怒如同四时运行一样自然，对于任何事物都适宜而无法测知他的底蕴。

所以古代真人，使用武力，灭掉敌国却不失掉敌国的民心；利益和恩泽广施于万世，却不是为了偏爱什么人。乐于交往取悦外物的人，不是圣人；有偏爱就算不上是"仁"；伺机行事，不是贤人；不能看到利害的相通和相辅，算不上是君子；办事求名而失掉自身的本性，不是有识之士；丧失身躯却与自己的真性不符，不是能役使世人的人。像狐不偕、务光、伯夷、叔齐、箕子、胥余、纪他、申徒狄，这样的人都是被役使世人的人所役使，都是被安适世人的人所安适，而不是能使自己得到安适的人。

古时候的"真人"，神情随物所宜而不偏倚，好像不足却又无所承受；态度安闲自然、特立超群而不执着顽固，襟怀宽阔虚空而不浮华；怡然欣喜像是格外地高兴，一举一动又像是出自不得已！内心充实而面色可亲，德行宽厚令人归依；气度博大像是宽广的世界；高放超迈而不拘礼法；沉默不语好像封闭了感觉，不用心机好像忘记了要说的话。

把刑律当作主体，把礼仪当作羽翼，用已掌握的知识去等待时机，用道德来遵循规律。把刑律当作主体的人，那么杀了人也是宽厚仁慈的；把礼仪当作羽翼的人，用礼仪的教诲在世上施行；用已掌握的知识去等待时机的人，是因为对各种事情出于不得已；用道德来遵循规律，就像是说但凡有脚的人就能够登上山丘，而人们却真以为是勤于行走的人。所以说人们所喜好的是浑然为一的，人们不喜好的也是浑然为一的。那些同一的东西是浑一的，那些不同一的东西也是浑一的。那些同一的东西跟自然同类，那些不同一的东西跟人同类。自然与人不可能相互对立而相互超越，具有这种认识的人就叫作"真人"。

【思维评析】节选的这几段集中描述庄子心目中的"真人"——纯粹的人的特征。大致说来，庄子说的真人有如下特点：

一是懂得天人之分，又懂得天人之合。"知天之所为者，天而生也；知人之所为者，以其知之所知以养其知之所不知，终其天年而不中道夭者，是知之盛也"和"庸讵知吾所谓天之非人乎？所谓人之非天乎"说的就是这个意思。

二是把知识的积累作为"法门"去领悟道，获得智慧。"知人之所为者，以其知之所知以养其知之所不知，终其天年而不中道夭者，是知之盛也"，说的就是我们不知道的"天道"，一则要靠认知所获得的知识积累为基础；二则"有真人而后有真知"，光靠知识还不够，真人还有一般人所不具备的心智功能——直觉、内证、洞见、觉照、彻悟、灵感等非理性心智能力。

三是真人之所以纯粹，还在于超越欲望和功利，这是真人最内在的品质。所谓"其耆欲深者，其天机浅"说的是世俗欲望会遮蔽"智慧"，反过来说，要获取智慧就必须去除欲望，真人之"真"就在于此。选文的二至五段，真人之所以显得与众人格格不入，超凡脱俗，根本原因在于此。

（五）心斋

【原文呈现】颜回曰："吾无以进矣，敢问其方。"
仲尼曰："斋，吾将语若！有心而为之，其易邪？易之者，皞①天不宜。"
颜回曰："回之家贫，唯不饮酒不茹荤者数月矣。如此，则可以为斋乎？"
曰："是祭祀之斋，非心斋也。"
回曰："敢问心斋。"

至美与大道
——《道德经》《庄子》精粹选读

仲尼曰："若一志，无听之以耳而听之以心，无听之以心而听之以气！耳止于听，心止于符。气也者，虚而待物者也。唯道集虚。虚者，心斋也。"

——选自陈鼓应《庄子今注今译》第 129 页

【难点注释】①皞（hào）天：自然。

【大意试译】颜回说："我没有更好的办法了，请问有什么办法？"

孔子说："你先斋戒，我再告诉你。你有了成心去做事，哪里有这么容易呢？如果你以为容易，那就不合自然的道理了。"

颜回说："我家里贫穷，不饮酒、不吃荤已经好几个月了。这样子，可以说是斋戒了吧？"

孔子说："这是祭祀的斋戒，并不是'心斋。'"

颜回说："请问什么是'心斋'。"

孔子说："你心志专一，不用耳去听而用心去听，不用心去听而用气去感应。耳的功用止于聆听外物，心的功用止于感应外部事物。气才是空明而容纳宇宙万物的，只有大道才能凝集于清虚之气中，空明的心境就叫作'心斋'。"

【思维评析】"心斋"又称为"庄子心斋法""庄子听息法"，指一种修炼心性方式，其核心在于它是一种摒除欲念、凝神聚气、专心致志的状态。借用当下积极心理学概念"心流"（flow）让我们换个角度来理解，心流指我们全身心投入地做事情的感觉。其核心是没有情绪，没有意识，忘我，时间停止，是构建人的未来的心理资本，是"爱"之极致。用中国人的传统语言讲，就是"诚明"二字，所谓"自诚明，谓之性；自明诚，谓之教。诚则明矣，明则诚矣"①。

（六）坐忘

【原文呈现】颜回曰："回益矣。"

仲尼曰："何谓也？"

曰："回忘礼乐矣。"

曰："可矣，犹未也。"

他日，复见，曰："回益矣。"

曰："何谓也？"

曰："回忘仁义矣。"

---

① 王国轩译注：《大学·中庸》，中华书局 2006 年版，第 104 页。

曰："可矣，犹未也。"

他日，复见，曰："回益矣。"

曰："何谓也？"

曰："回坐忘矣。"

仲尼蹴然曰："何谓坐忘？"

颜回曰："堕肢体，黜聪明，离形去知，同于大通，此谓坐忘。"

仲尼曰："同则无好也，化则无常也。而果其贤乎！丘也请从而后也。"

——选自陈鼓应《庄子今注今译》第225页

【大意试译】 颜回说："我进步了。"

孔子问道："你的进步指的是什么？"颜回说："我已经忘却礼乐了。"

孔子说："好哇，不过还不够。"

过了几天颜回再次拜见孔子，说："我又进步了。"

孔子问："你的进步指的是什么？"颜回说："我忘却仁义了。"孔子说："好哇，不过还不够。"

过了几天颜回又再次拜见孔子，说："我又进步了。"

孔子问："你的进步指的是什么？"

颜回说："我'坐忘'了"。

孔子惊奇地问："什么叫坐忘？"

颜回答道："不着意自己的肢体，不摆弄自己的聪明，超离形体的拘执，免于智巧的束缚，和大道融通为一，这就叫坐忘。"

孔子说："和万物同一就没有偏私了，顺应万物变化就不偏滞于常理。你果真是贤人啊！我愿意追随在你的身边。"

【思维评析】 这段重心在"坐忘"二字，"堕肢体，黜聪明，离形去知，同于大通"是对这二字的具体描摹。"心斋"与"坐忘"是庄子认为通于大道的路径；从现代人的眼光看，我们不仅惊讶于庄子的智慧和高明，而且要研究"心斋"与"坐忘"的内部要素，进而获得这种可遇也可求的创造性的心智力量。

（七）众妙之门

【原文呈现】 道可道，非常道；名可名，非常名。无，名天地之始；有，名万物之母。故常无，欲以观其妙；常有，欲以观其徼[①]。此两者，同出而异名，同谓之玄。玄之又玄，众妙之门。

——选自陈鼓应《老子今注今译》第73页

【难点注释】①徼（jiào）：边际，端倪。

【大意试译】可以言词表达的道，并非真正意义上的道；可以明确定义的名，并非真正意义上的名。

天地在开始时并无名称，名只是为了万物的归属。因此从无中发现其奥妙，常用有意识以归属其范围。无和有两种思维模式同出自一个地方但概念却不相同，这就是玄之又玄的玄关窍。它是打开一切奥妙的不二法门。

【思维评析】在道家观念里，"众妙之门""无穷之门""窈冥之门"都是通往"大道"或"道的世界"的路径。包括老子在内的道家认为，对"六合之内"——"物的世界"，是可以细加研究的，而对于"六合之外"——"道的世界"则要"存而不论"，是语言、理性认知所不能抵达的，只有靠"心斋"与"坐忘"等非常态、非理性的心智力量与方式才能进入。

二　对比阅读

（一）定·静·安·虑·得

【原文呈现】知止而后有定，定而后能静，静而后能安，安而后能虑，虑而后能得。物有本末，事有终始。①

【大意试译】知道应达到的境界才能够志向坚定，志向坚定才能够沉静；沉静才能够心神安定；心神安定才能够思虑周详；思虑周详才能够有所收获。每样东西都有根本有枝末，每件事情都有开始有终结。

【思维评析】《大学》是儒家的著作，儒家的"知止"是道德的至善——仁、仁义，这与道家的心性修炼目标"真知""真人"截然不同；再看看在"道德的至善"这一目标下的志向坚定、镇静不躁、心安理得、思虑周详和有所收获（知道应达到的境界）等几个环节，除最后"能得"与"知止"是起点和终点是重合的以外，其他四个环节描述了修炼者修炼自身的心理历程，环环相扣，逻辑自洽。

---

① 王国轩译注：《大学·中庸》，中华书局2006年版，第3页。

（二）知之为知之

【原文呈现】子曰："由，诲女知之乎！知之为知之，不知为不知，是知也。"

——选自钱穆《论语新解》第 37 页

【大意试译】先生说："由啊，我教给你的，你懂了吗？知道就是知道，不知道就是不知道，这才是真正的智慧！"

【思维评析】在求知或是修炼心性上，我们发现中外先贤都把真诚的态度放在第一位，庄子主张对"六合之外"存而不论，对"六合之内"则"论而不议"，苏格拉底认为"我唯一所知的是我一无所知"，与此处孔子的"知之为知之，不知为不知，是知也"如出一辙。

（三）逝者如斯夫

【原文呈现】子在川上，曰："逝者如斯夫！不舍昼夜。"

——选自钱穆《论语新解》第 215 页

【大意试译】先生在河边上，他感叹道："时光像流水一样消逝，日夜不停。"

【思维评析】一般而言，我们看到孔子面对眼前滔滔河流，联想到时间就像这条河流一样地日复一日，一去不返。其实此语意涵远不仅此，值得玩味。

三　拓展阅读

（一）人·河流

【原文呈现】我们不能两次踏进同一条河流[①]。

连一次踏入同一条河流都不可能[②]。

【思维评析】这两句话与孔子那句话表达的理性内容高度重合，甚至可以

[①] 全增嘏主编：《西方哲学史》（上），上海人民出版社 1988 年版，第 47 页。
[②] 全增嘏主编：《西方哲学史》（上），上海人民出版社 1988 年版，第 47 页。

说完全一样。语言表述上都涉及河流，似乎也没有什么特别之处，但细细揣摩之后，我们发现思维方式上的区别很明显：虽然都是联想到河流，孔子是拿整条河流比喻时间之河，赫拉克利特和他的学生克拉底鲁则是把河流分解成若干点（质点），赫拉克利特发现第一次抬脚进入河流的质点与第二次抬脚进入河流的质点并不是同一个质点，因此断言"人不可能两次踏入同一条河流"。克拉底鲁进一步发现自己抬脚时对应的是河流的某个质点，而当自己这只脚踏入河流时，先前抬脚时对应的那个质点已经流走了，自然就有"人一次也不可能踏入同一条河流"的说法了。

对同一个问题的思考，以孔子为代表的东方人的直觉、整体思维方式与西方人的理性分析思维，显示出迥然不同的差异。

（二）爱真理

【原文呈现】我爱吾师，但我更爱真理。①

【思维评析】亚里士多德是古希腊人，世界历史上伟大的哲学家、科学家和教育家之一，是希腊哲学的集大成者。作为一位百科全书式的科学家，他在诸多学科领域里都做出了贡献，其研究涉及哲学、伦理学、心理学、经济学、神学、政治学、修辞学、自然科学、教育学、诗歌、风俗等，构建出西方哲学的庞大系统。

亚里士多德是柏拉图的学生，17岁时赴雅典柏拉图学园就读达20年，直到柏拉图去世。他对老师很崇敬，在追求真理的过程中，他直言批评老师的错误观点，即使有人指责他背叛老师，他也不放弃对真理的坚持。

（三）理智·真诚

【原文呈现】我们活一辈子，应该尽力修养道德、寻求智慧，因为将来的收获是美的，希望是大的。②

【思维评析】对这句话，我们主要希望大家关注两点：一是西方人向来对理性的强调。在西方，道德、智慧与理性可以视为等同的东西。而理性最早起

---

① 全增嘏主编：《西方哲学史》（上），上海人民出版社1988年版，第176页
② ［古希腊］柏拉图著，杨绛译：《裴多——柏拉图对话录》，中国国际广播出版社2012年版，第93页。

源于希腊语"逻各斯"(Logos),是指人在正常思维状态下,为了获得预期结果,有自信与勇气冷静面对现状,并快速全面了解现实,分析出多种可行性方案,再寻找到最佳方案,并最终有效实施。西方思想家柏拉图、亚里士多德、黑格尔、康德等无不专注对理性的研究,以至于形成了一以贯之的理性主义传统,为西方人思维方式烙下了理性主义的精神底色。二是把真诚、诚实作为人生的最高或最基本品格,东西方是一致的。中国人从先秦老庄、孔孟等起无不强调人的真诚与诚实。可见,真诚恐怕是人类追求的最基本的共同价值元素。

思考与活动

【思考探究】

1. 学习本课后,你对"真知"有哪些新的理解?
2. 按你的认知,"真人"与"真知"有何关系?
3. 请概括庄子心目中的"真人"的内涵特征。具体说说为什么"有真人而后有真知""嗜欲深者天机浅",这对自己当下生活有何启示。

【尝试阅读】

1. 钱穆著:《湖上闲思录》,生活·读书·新知三联书店2018年版。
2. 汪丁丁著:《人与知识》,东方出版社2014年版。
3. 徐贲著:《明亮的对话》,中信出版社2014年版。

第三课　争与不争

淮阴侯韩信在未得志时，居于淮阳。屠户中有个年轻人侮辱韩信说："你虽然长得高大，喜欢带刀佩剑，其实是个胆小鬼。"又当众侮辱他说："你要不怕死，就拿剑刺我；如果怕死，就从我胯下爬过去。"于是韩信仔细地打量了他一番，低下身去，趴在地上，从他的胯下爬了过去。满街的人都笑话韩信，认为他胆小。

后来韩信因战功封王，回乡召见曾经侮辱过他、让自己从胯下爬过去的年轻人，任用他做了中尉，并告诉将相们说："这是位壮士。当年侮辱我的时候，我难道不能杀死他吗？杀掉他没有意义，所以我忍受了一时的侮辱而成就了今天的功业。"

这则忍受"胯下之辱"而成就伟业的故事千载流传，值得后人学习借鉴，而其中蕴含着的"不争"的中国智慧，更值得人们研究学习。

本课核心阅读选文内容链：①朝三暮四—②呆若木鸡—③曲则全—④蜗角虚名—⑤曳尾涂中—⑥虚己游世—⑦守静致虚—⑧为而不争—⑨不争之德—⑩见小守柔—⑪域中四大。

本课对比阅读选文内容链：①仁者爱人—②己所不欲—③博施济众—④见贤思齐。

本课拓展阅读选文内容链：①妖魔·希望·幸福—②他人是地狱。

一　核心阅读

（一）朝三暮四

【原文呈现】道行之而成，物谓之而然。有自也而可，有自也而不可。有自也而然，有自也而不然。恶乎然？然于然。恶乎不然？不然于不然。恶乎可？可于可。恶乎不可？不可于不可。物固有所然，物固有所可。无物不然，无物不可。故为是举莛①与楹，厉与西施，恢诡谲怪，道通为一。其分也，成也；其成也，毁也。凡物无成与毁，复通为一。

唯达者知通为一，为是不用而寓诸庸；因是已。已而不知其然，谓之道。

劳神明为一，而不知其同也，谓之朝三。何谓朝三？狙②公赋芧③曰："朝三而暮四。"众狙皆怒。曰"然则朝四而暮三。"众狙皆悦。名实未亏而喜怒为用，亦因是也。是以圣人和之以是非而休乎天钧，是之谓两行。

——选自陈鼓应《庄子今注今译》第69页

【难点注释】①莛（tíng）：草茎。②狙（jū）：猕猴。③芧（xù）：小栗，又名橡子。

【大意试译】道路是人走出来的，事物的名称是人叫出来的。可，有它可的原因，不可，有它不可的原因；是，有它是的原因，不是，有它不是的原因；为什么是？自有它是的道理。为什么不是？自有它不是的道理。为什么可？自有它可的道理。为什么不可？自有它不可的道理。一切事物本来都有它是的地方，一切事物本来都有它可的地方。没有什么东西不是，没有什么东西不可。所以举凡小草和大木，丑癞的女人和美貌的西施，以及一切稀奇古怪的东西，从道的角度来看都可通而为一。万事有所分必有所成；有所成必有所毁。所以一切事物无论完成和毁坏，都是复归于一个整体的。

只有通达之士才能了解这个通而为一的道理，因此他不用固执自己的成见而寄寓在各物的功分上；这就是因任自然的道理。顺着自然的路径行走而不知道它的所以然，这就叫作"道"。

（辩者们）耗费心智去寻求"一致"，而不知道事物本来就是相同的，这就是所谓"朝三"。什么叫作"朝三"？有一个养猴的人，喂猴子吃粟子，对这群猴子说："早上给你们三升而晚上给你们四升。"这些猴子听了都很生气。养猴的人又说："那么早上给你们四升而晚上给你们三升。"这些猴子听了都高兴起来。名和实都没有改变而猴子的喜怒却因而不同，这也是顺着猴子主观的心理作用罢了！所以圣人不执着于是非的争论而依顺自然均衡之理，这就叫作"两行"。

【思维评析】人们所谓的"争"，不过是价值观的对立。究其原因，是因"用"的差别导致不同后果，而人总有好恶得失之心。庄子把握人们这一心理，提出了"一"之道。在他看来，任何事物都有其产生积极影响的时候，也有产生消极影响的时候，如果只是择取某一刻进行对比，矛盾自然鲜明，然而人若能综合性地、连贯性地去看待它们，就会看到事物的发展都各自实现了一种整体的、动态的平衡，也就是庄子所谓的"一"。因此，圣人不执着于这些具体的差异，不彻底肯定或否定一方，而是任其发挥功用，展示出更高远的眼光，表现出面对风云变化的深沉耐心。

（二）呆若木鸡

【原文呈现】 纪渻①子为王养斗鸡。

十日而问："鸡可斗已乎？"曰："未也，方虚骄而恃气。"

十日又问，曰："未也。犹应响景。"

十日又问，曰："未也。犹疾视而盛气。"

十日又问，曰："几矣。鸡虽有鸣者，已无变矣，望之似木鸡矣，其德全矣，异鸡无敢应，见者反走矣。"

——选自陈鼓应《庄子今注今译》第521页

【难点注释】 ①纪渻（shěng）子：人名，姓纪，名渻子。

【大意试译】 纪渻子为周宣王养斗鸡。

十天后，宣王问道："鸡可以斗了吗？"纪渻子说："还不行，它还骄昂而恃气。"

过了十日，宣王又问，纪渻子说："还不行，听到声音见到影像就起回应。"

再过十天，宣王又问，纪渻子说："还不行，还怒视而盛气。"

又过了十天，宣王又问，纪渻子说："差不多了。别的鸡虽然鸣叫，它已经不为所动了，看起来像只木鸡，它的精神凝寂，其他的鸡不敢应战，见到它回头就走了。"

【思维评析】 "斗"是"争"的最激烈状态，"斗鸡"在这里比喻人的社会性中与他人竞争的一面。在庄子看来，缺乏情绪管理能力是竞争中失败最直接的因素。缺乏情绪管理能力的人，易陷入躁动中，看到个"影"，就会引出他的应激反应，什么也看不到时，就急切地寻找目标。在庄子看来，这样的状态，都不是合格的"斗鸡"。只有实现了情绪管理，不为外界所动，能冷静观察以面对其对手时，才能所向披靡。这里讲述了一个不争一时短长而看重最终胜负的道理，而要实现这点，要冷静，要具备理性，要有耐心。

（三）曲则全

【原文呈现】 曲则全，枉则直，洼则盈，敝则新，少则得，多则惑。

是以圣人执一为天下式。不自见，故明；不自是，故彰；不自伐，故有功；不自矜，故能长。

夫唯不争，故天下莫能与之争。古之所谓"曲则全"者，岂虚言哉！诚全而归之。

——选自陈鼓应《老子今注今译》第161页

【大意试译】 委曲反能保全，屈就反能伸展，低洼反能充盈，破旧反能生新，少取反能多得，贪多反而迷惑。

所以有道的人坚守这一原则作为天下事理的范式，不自我表扬，反能显明；不自以为是，反能彰显；不自己夸耀，反能见功；不自我矜持，反能长久。

正因为不与人争，所以天下没有人和他争。古人所说的"委曲可以保全"等话，怎么会是空话呢！它是实实在在能够达到的。

【思维评析】 "争"是相互的，你与人争，人也会与你争。你抢夺对方的东西，对方也会来抢夺你的。你伤害对方，对方终究也会想办法报复你，冤冤相报何时了！当人们陷入互为对手和敌人的场景中时，群体凝聚力和社会的信任这一基本要素便失去了，人们将无法实现合作。社会将因此陷入停滞和倒退状态中，最终每一个体也将受到伤害。所以，对"曲则全"的理解，不应视为是老子在教人先忍耐，然后伺机而动，而应理解为彻底摆脱"争"所带来的恶性循环困境。

（四）蜗角虚名

【原文呈现】 有国于蜗之左角者曰触氏，有国于蜗之右角者曰蛮氏，时相与争地而战，伏尸数万，逐北旬有五日而后反。

——选自陈鼓应《庄子今注今译》第722页

【大意试译】 （戴晋人说：）蜗牛的左角有个国家名叫触氏，蜗牛的右角有个国家名叫蛮氏，互相争地而争战，死亡数万，追逐败逃的十五天才返回。

【思维评析】 世间"争"之大者，莫过于国家之争，其投入之多、收获之巨或损失之大，与个人之争相比，可谓"大观"。于是，世间众人莫不想当君王，世间君王莫不想要开疆拓土。这使他们能从中体会到"伟大感""崇高感"。在庄子看来，这样的"伟大""崇高"不过是蜗角之上的触、蛮之战，既暴戾而又渺小。他鼓励人们去探寻真正的人生价值、人的意义，这是一种了不起的期待，是对人类能无限超越自己能力的信任。

（五）曳尾涂中

【原文呈现】庄子钓于濮水，楚王使大夫二人往先焉，曰："愿以境内累矣！"

庄子持竿不顾，曰："吾闻楚有神龟，死已三千岁矣，王从巾笥①而藏之庙堂之上。此龟者，宁其死为留骨而贵乎？宁其生而曳尾于涂中乎？"

二大夫曰："宁生而曳尾涂中。"

庄子曰："往矣！吾将曳尾于涂中。"

——选自陈鼓应《庄子今注今译》第474页

【难点注释】①笥（sì）：盛物品的方形竹器。

【大意试译】庄子在濮水钓鱼，楚威王派两位大夫先去表达他的心意说："我希望将国内的政事委托先生！"

庄子拿着鱼竿头也不回地说："我听说楚国有只神龟，已经死了三千年了，国王把它放在竹盒里用布包着，藏在庙堂之上。请问这只龟，宁可死了留下一把骨头让人尊崇呢，还是愿意活着拖着尾巴在泥巴里爬行？"

两位大夫说："宁愿活着拖着尾巴在泥巴里爬行。"

庄子说："那么请便吧！我还是愿意活着拖着尾巴在泥巴里爬行。"

【思维评析】人有不同的社会身份，君主之"争"，莫过于争天下，占据更多的地盘，敛取更多的财物，统辖更多的民众。官员之"争"，莫过于争夺相位，一人之下，万人之上，享受从君主那里分来的权力。庄子对君主争国，尚且嘲讽为蜗角之利，对一个相位，又怎么可能放在心上？无论君主还是官员，虽凌驾于百姓之上，但又都逃不脱其共在的政府组织的制约。庄子的理想显然要高远得多，他期望的是人生完全自由自在。

（六）虚己游世

【原文呈现】方舟而济于河，有虚船来触舟，虽有惼心①之人不怒；有一人在其上，则呼张歙②之；一呼而不闻，再呼而不闻，于是三呼邪，则必以恶声随之。向也不怒而今也怒，向也虚而今也实。人能虚己以游世，其孰能害之！

——选自陈鼓应《庄子今注今译》第539页

【难点注释】①惼（biǎn）心：惼，同"褊"；惼心，心胸狭小。②张歙（xī）：歙，退；张，撑开。

【大意试译】并起船来渡河，有条空船撞过来，虽然是急躁的人也不会发怒；但如果来船上有一个人，就会喊着"撑开，后退！"喊一声听不见回应，再喊一声仍然听不见回应，于是第三声就恶声恶气地骂起来。起先不生气而现在生气，这是因为先前空船没有人而现在却有人。人如果能用"虚己"的态度悠游于人世，谁能够伤害他！

【思维评析】人一相争，便难免相害。何谓"相害"？谋夺对方之所欲者。人欲夺他人的东西，对方当然会愤恨甚至反击；别人来谋夺本属于自己所有之物，自己也很难不如此对待对方。

庄子讲求"虚己"，自己身上那些别人可见的利益，自动舍弃它，而去追求那些别人永远看不到，或者虽能看到也无法夺去的东西。

（七）守静致虚

【原文呈现】致虚极，守静笃。

万物并作，吾以观复。

夫物芸芸，各复归其根。归根曰静，静曰复命。复命曰常，知常曰明。不知常，妄作凶。

知常容，容乃公，公乃全，全乃天，天乃道，道乃久，没身不殆。

——选自陈鼓应《老子今注今译》第134页

【大意试译】致虚和守静的功夫，做到极笃的境地。

万物蓬勃生长，我看出循环往复的道理。

万物纷纷芸芸，各自返回它的本根。返回本根叫作静，静叫作回归本原。回归本原是永恒的规律，认识永恒的规律叫作明。不认识永恒的规律，轻举妄动就会出乱子。

认识常道的人是能包容一切的，无所不包就能坦然大公，坦然大公才能无不周遍，无不周遍才能符合自然，符合自然才能符合于道，体道而行才能长久，终生可免于危殆。

【思维评析】《道德经》认为，在大道的支配下，万物呈环状循环运动，因此，自然没有起点也没有终点。在完成博弈、归于死亡之后，会重新获得生命，以新的形态开始又一轮循环，周而复始，以至无穷。

庄子在此基础上，提出了"物化"思想，类似今人所讲"物质不灭"。道家这种循环论不仅包括生死，也包括祸福和贫贱。懂得这一循环规律，便可正确对待生命中面临的生死、贫富与祸福等境遇。同时，"物化"的物我同一理论，提倡泛爱万物，视万物为一，从而去除私欲，至于大公。

（八）为而不争

【原文呈现】 信言不美，美言不信。

善者不辩，辩者不善。

知者不博，博者不知。

圣人不积，既以为人己愈有，既以与人己愈多。

天之道，利而不害；人之道，为而不争。

——选自陈鼓应《老子今注今译》第349页

【大意试译】 真实的言辞不华美，华美的言词不真实。

行为善良的人不巧辩，巧辩的人不善良。

真正了解的人不广博，广博的人不能深入了解。

有道的圣人不私自积藏，他尽量帮助别人，自己反而更充足；他尽量给予别人，自己反而更丰富。

自然的规律，利物而无害；人间的行事，施为而不争夺。

【思维评析】 大智若愚，大巧若拙。老子强调超脱世人小智小巧的"大"之境界，这种境界剥离了事物表面的装饰与浮华，直指本真的真伪与善恶。它启发后人，要达到此境界，需要像圣人一样不积不藏，存仁无己利他。事实上，古往今来，许多为后世称道的贤臣良将都在践行老子的"圣人不积，既以为人己愈有"之道。如《战国策》中记录魏国大夫公叔痤打了大胜仗，却把功劳归于吴起之功、将士之力和王之明法，结果魏王大为感动，在百万赏田之外另加四十万亩。清代曾国藩也以道家思想为归宿，把"知其雄，守其雌"作为座右铭，且积极践行。据《湘军志》等载，曾国藩率兵打仗，每打一胜仗，他都将功劳归于下属，从不揽功。因此上下齐心协力，力量大增。

（九）不争之德

【原文呈现】善为士者，不武；善战者，不怒；善胜敌者，不与；善用人者，为之下。是谓不争之德，是谓用人，是谓配天，古之极也。

——选自陈鼓应《老子今注今译》第313页

【大意试译】善做将帅的，不逞勇武；善于作战的，不轻易激怒；善于战胜敌人的，不用对斗；善于用人的，对人谦下。这叫作不争的品德，这叫作善于用人，这叫作合于天道，这是自古以来的最高准则。

【思维评析】古人认为，对待敌对方的最好方法不是去攻击对方，而是修己以屈人。因此，孔子主张"夫修之于庙堂之上，而折冲乎千里之外者，其司城子罕之谓乎"[1]，《孙子兵法》中也说："不战而屈人之兵，善之善者也。"[2]自身品德高尚，待人谦和，能够合作共赢，自然会招徕志同道合之士，从而更加强大，不可战胜，使对手不攻自破。人生处世如此，治国理政也一样。

（十）见小守柔

【原文呈现】天下有始，以为天下母。既得其母，以知其子；既知其子，复守其母，没身不殆。

塞其兑，闭其门，终身不勤。开其兑，济其事，终身不救。

见小曰明，守柔曰强。用其光，复归其明，无遗身殃；是为袭常。

——选自陈鼓应《老子今注今译》第265页

【大意试译】天地万事万物都有本始，作为天地万物的根源。如果得知根源，就能认识万物；如果认识万物，又持守着万物的根源，终身都没有危险。

塞住嗜欲的孔窍，闭起嗜欲的门径，终身就没有劳扰的事。打开嗜欲的孔窍，增添纷杂的事件，终身都不可救治。

能察见细微的叫作"明"，能持守柔弱的叫作"强"。运用智慧的光，返照内在的明，不给自己带来灾殃，这叫作永续不绝的常道。

【思维评析】天下之母，在道家即为"道"。掌握了道这一根本，就可以洞察万事万物的迷障，回归内在的清明，从而见微知著，以柔克刚。这启示人们

---

[1] 张双棣、张万彬、殷国光、陈涛译注：《吕氏春秋》，中华书局2011年版，第758页。
[2] 陈曦译注：《孙子兵法》，中华书局2011年版，第37页。

从纷乱的事实中抽身反观，寻找自我本心的追求与方向，避免堕入世间争夺的漩涡而罹祸。

（十一）域中四大

【原文呈现】有物混成，先天地生。寂兮寥兮，独立不改，周行而不殆，可以为天下母。吾不知其名，强字之曰"道"，强为之名曰"大"。大曰逝，逝曰远，远曰反。

故道大，天大，地大，人亦大。域中有四大，而人居其一焉。

——选自陈鼓应《老子今注今译》第169页

【大意试译】有一个浑然一体的东西，在天地形成以前就存在。听不见它的声音，也看不见它的形体，它独立存在而永不休止，循环运行而生生不息，可以为天地万物的根源。我不知道它的名字，勉强叫它"道"，再勉强给它起个名字叫作"大"。它广大无边而周流不息，周流不息而伸展遥远，伸展遥远而返回本原。

所以说：道大，天大，地大，人也大。宇宙间有四大，而人是四大之一。

【思维评析】这里说的是人的主观能动性问题，人总是在不断地改造自然，寻求更好的发展。有人曾言，比大海更辽阔的是人心。老子的《道德经》中提倡师法自然，但是也肯定了人的主观能动性。天大，地大，人亦大，人是万物之灵，人通过协调万物，在自然规律下发挥主观能动性，改造自然，以利更好地发展。

二　对比阅读

（一）仁者爱人

【原文呈现】君子所以异于人者，以其存心也。君子以仁存心，以礼存心。仁者爱人，有礼者敬人。爱人者，人恒爱之；敬人者，人恒敬之。

——选自杨伯峻《孟子译注》第197页

【大意试译】君子同一般人不同的地方，就在于居心不同。君子居心于仁，居心于礼。仁人爱别人，有礼的人恭敬别人。爱别人的人，别人一定爱他；恭敬别人的人，别人一定恭敬他。

【思维评析】无论是道家追求的圣人境界，还是儒家追寻的君子人格，都有一个共同的特点，就是对待他人的态度都是仁爱与恭敬的，将成人达己作为一致的追求目标。

（二）己所不欲

【原文呈现】子贡问曰："有一言而可以终身行之者乎？"子曰："其恕乎？己所不欲，勿施于人。"

——选自钱穆《论语新解》第372页

【大意试译】子贡问道："有一个可以终身奉行的字吗？"孔子说："怕只有'恕'字吧！你自己不愿意要的，不要施加给别人。"

【思维评析】孔子的弟子在概括孔子之道时说："夫子之道，忠恕而已。"在这里，孔子自己对"恕"做了诠释，即推己及人。自己不愿做的事情，不愿置身的境地，以及自己也不愿得到的后果，就要设身处地避免他人陷入其间。这种由己达人的角色转换，其实与道家"万物一体"的观念契合，因此，儒家也讲求"天人合一""民胞物与"，都是对他者之爱的至高境界。

（三）博施济众

【原文呈现】子贡曰："如有博施于民而能济众，何如？可谓仁乎？"子曰："何事于仁，必也圣乎！尧舜其犹病诸！夫仁者，己欲立而立人，己欲达而达人。能近取譬，可谓仁之方也已。"

——选自钱穆《论语新解》第149页

【大意试译】子贡说："如果一个人能广泛地给民众以好处，而且能够帮助众人生活得很好，这人怎么样？可以说他有仁德了吗？"孔子说："哪里仅仅是仁德呢，那一定是圣德了！尧和舜大概都难以做到！一个有仁德的人，自己想树立的，同时也帮助别人树立；自己要事事通达顺畅，同时也使别人事事通达顺畅。凡事能够推己及人，可以说是实行仁道的方法了。"

【思维评析】子贡在此提出了一种境界，即博施济众，孔子称赞这种境界已经超越仁德而达于圣境。但孔子又从现实出发，指出这种境界非常难以达到，需要循序渐进，先要成为仁者，而仁者的标准就是"己欲立而立人，己欲达而达人"，这与上文的"己所不欲，勿施于人"是一体两面的，前者为

"忠",后者是"恕",都是臻至于"仁"的路径。

(四) 见贤思齐

【原文呈现】子曰:"见贤思齐焉,见不贤而内自省也。"

——选自钱穆《论语新解》第92页

【大意试译】先生说:"看见贤人就应该想着向他看齐;见到不贤的人,就要反省自己有没有类似的毛病。"

【思维评析】自我反省,是儒家修身的重要方式,曾子每天"三省吾身"就是最好的诠释。人是生活在社会中的,必然与他人产生联系,因此,在用"仁"的标准反躬自省的同时要以他人为参照。向比自己境界更高的人看齐,寻得提升自己的动力,将不能施行仁义的人和事作为自我警戒,检视自己是否有这种习气。事实上,老子也有同样的说法,他说:"故善人者,不善人之师;不善人者,善人之资。不贵其师,不爱其资,虽智大迷,是谓要妙。"[①] 将世间的诸种人物看作自我提升的借鉴。

三 拓展阅读

(一) 妖魔·希望·幸福

【原文呈现】我只是匆匆地周游世界一趟;
劈头抓牢了每种欲望,
不满我意的,我抛掷一旁,
滑脱我手的,我听其长往。
我不断追求,不断促其实现,
然后又重新希望,尽力在生活中掀起波澜;
开始是规模宏大而气魄磅礴,
可是如今则行动明智而谨慎思索。
我已经熟识这攘攘人寰,

---

① 陈鼓应注译:《老子今注今译》,商务印书馆2020年版,第179页。

要离尘弃俗决无法办；
是痴人才眨眼望着上天，
幻想那云雾中有自己的同伴；
人要立定脚跟，向四周环顾！
这世界对于有为者并非默然无语。
他何必向那永恒之中驰骛？
凡是认识到的东西就不妨把握。
就这样把尘世光阴度过；
纵有妖魔出现，也不改变道路。
在前进中他会遇到痛苦和幸福，
可是他呀！随时随刻都不满足。①

【思维评析】这是浮士德临死前的述怀，其实就是对永远进击的人生态度的表达。人生是现实的人生，现实（尘世）中总是少不了种种障碍和困窘，即使是遇到"妖魔"——难以逾越的人生陷阱，我们都要在"希望"——生命的激情牵引下，同时让理智来校准人生方向，最终抵达幸福之境；但我们要明白，"痛苦"与"幸福"就如浮士德与靡菲斯陀一样总是相伴相随的，当我们抵达所谓"幸福港湾"之时，"随时随刻都不满足"的人生欲望又会牵动我们奔往人生下一个站点。歌德告诉我们，人生，就是一个人在希望或欲望驱动下，由幸福与痛苦交织的、激情与理智共同编织的无尽乐章，它必须由自己双手弹奏，驰于幻想，寄希望于他者，那只是幻象与妄想！

（二）他人是地狱

【原文呈现】他人是地狱②。

【思维评析】人人都渴望自由。这样，人们彼此就成为对方追求自由的阻碍，这就有了"他人是地狱"的说法。萨特这句话警醒人们关注他者，要求人们理性看待他人评价，不要完全受制于外界评价。

有人问禅师，自己觉得周围人都不好，该怎么办？禅师没有回答，他点了一根蜡烛，蜡烛把周围都照亮了，唯独放蜡烛的地方昏黑着。那人又问：那如何能让自己亮起来呢？禅师又点起一根蜡烛，前一根蜡烛立刻被照得透亮。那

---

① ［德］歌德著，董问樵译：《浮士德》，复旦大学出版社1983年版，第659~660页。
② 全增嘏主编：《西方哲学史》（下），上海人民出版社1988年版，第806页。

人立时领悟了：要想驱赶内心的黑暗，我们得借助来自他人的光亮，而为了得到他人的光亮，我们也要点燃自己的蜡烛——没有这光，他人是地狱；有了这光，他人是天堂。

思考与活动

【思考探究】

1. 关于"争与不争"这一话题，儒道两家各自的主要观点有哪些？你有何评价？

2. 从"争与不争"的角度看，如何建设"命运共同体"？

3. 你如何看待老子的"不争"智慧？尝试做一些辩证分析，并结合实际经历进行说明，分享自己在具体生活中可供他人借鉴的经验。

【尝试阅读】

1. 徐贲著：《阅读经典》，北京大学出版社2015年版。

2. 王小波著：《思维的乐趣》，中国人民大学出版社2005年版。

3. 楼宇烈著：《中国的品格》，南海出版公司2011年版。

第四课　为善去恶

希腊神话中怪兽斯芬克斯出谜语问路人，谜面是：早晨用四只脚走路，中午用两只脚走路，傍晚用三只脚走路。许多人回答不出来，被它吃掉了。最终少年英雄俄狄浦斯给出了正确谜底——"人"。斯芬克斯听了答案，大叫一声，从悬崖上跳下去摔死了。

这显然是一个富有隐喻意义的故事，它至少有如下意涵：人面对对象世界，给它们"立法"，但却难以给自身下定义；人一旦学会反思自己，认识自身，必然有令人震惊的效果，正如仓颉造字，"天雨粟，鬼夜哭"一样，惊天动地。

先贤老子、庄子、孔子、孟子、荀子、王阳明等人以及西方的哲人苏格拉底、柏拉图、亚里士多德、康德等人，就是能猜中斯芬克斯之谜的"俄狄浦斯"。

与孔子、孟子和荀子等儒家先哲认为人性有善恶之分不同，老子与庄子认为应该超越"善恶"，对善恶不作判断，才能保持自身独立性，才能保真，人与人之间要真实、真诚相待，慈悲为怀，否则，不精不诚，不能动人，要专注于内心端正、保全本初之心……所有这些都源于道家的人性之道——自然人性观。

人是社会的人，他必须对周边现实世界里的人和事做出是非、善恶判断，因此，我们有必要吸纳儒家和西方先贤的人性观和善恶论，来指引我们的人生之路。

本课核心阅读选文内容链：①人要保持独立性—②慈悲待人—③不可愚忠愚信—④以德报怨—⑤执契不责—⑥不精不诚，不能动人—⑦鉴于止水—⑧与物为春。

本课对比阅读选文内容链：①以直报怨—②舍生取义—③为善去恶—④人皆可以为尧舜。

本课拓展阅读选文内容链：①人更近于兽—②人是目的。

至美与大道
——《道德经》《庄子》精粹选读

一　核心阅读

（一）人要保持独立性

【原文呈现】泉涸，鱼相与处于陆，相呴①以湿，相濡以沫，不如相忘于江湖，与其誉尧而非桀也，不如两忘而化其道。

——选自陈鼓应《庄子今注今译》第 195 页

【难点注释】①呴（xǔ）：吐口水。

【大意试译】泉水干了，鱼就一同困在陆地上，用湿气互相嘘吸，用口沫互相湿润，倒不如在江湖里彼此相忘。与其赞美尧而非议桀，不如忘却两者的是是非非而融化于大道。

【思维评析】老庄都在一定程度上承认善恶的相对存在，庄子要求齐善恶，游于世间，最终达成精神生命世界的逍遥。有了这个基础，我们来看本文段，第一层强调人要区分可掌控的和不能掌控的界限。生死既然是自然规律，那就只能认知、顺应、利用，而不能无视、蔑视、扭曲。顺应规律则为善，违反规则是为恶。第二层通过类推，来警醒世人。既然对君王尚且愿意舍身，那么对比君王更高更伟大的大道，难道不应该舍身追求吗？正所谓"朝闻道，夕死可矣"。求道为善，背道为恶。第三层通过比喻论证和举例论证，来说明相濡以沫的人间温情，所谓尧舜的圣明，说的就是超越。真正的善，恰恰是超越了世俗的善恶二分，而抵达了非善非恶、亦善亦恶、善恶难分、善恶一体的混沌状态——道的存在。真善非善，而是合道。

（二）慈悲待人

【原文呈现】我有三宝，持而保之。一曰慈，二曰俭，三曰不敢为天下先。
慈故能勇；俭故能广；不敢为天下先，故能成器长。
今舍其慈且勇；舍其俭且广；舍后且先；死矣！
夫慈，以战则胜，以守则固。天将救之，以慈卫之。

——选自陈鼓应《老子今注今译》第 310 页

【大意试译】我有三种宝贝，持守而保全着。第一种叫作慈爱，第二种叫作俭啬,第三种叫作不敢居于天下人的前面。

慈爱所以能勇武,俭啬所以能厚广,不敢居于天下人的前面,所以能成为万物的首长。

现在舍弃慈爱而求取勇武,舍弃俭啬而求取宽广,舍弃退让而求取争先,是走向死路!

慈爱,用来征战就能胜利,用来守卫就能巩固。天要救助谁,就用慈爱来卫护他。

【思维评析】这里老子解释了"三宝"及其价值。慈爱,类似道对天地、天地对万物的无私忘我的爱,类似儒家的仁,正所谓"仁者必有勇"。简约,是奢侈、浪费、过度的反面,对自己要求的俭啬,恰恰能够成全对他人的广大。不敢为天下先,是"谦德",没有支配欲、掌控欲、主宰欲,能够让他人乃至天下人顺应自己的天性和内心的愿望成就自我。有成人之美,而无掌控之嫌疑,这就是善。慈、俭、不敢为天下先,都是广大的体现,它们既是道的展开,也是善的表现。

(三)不可愚忠愚信

【原文呈现】世之所谓贤士,莫若伯夷叔齐。伯夷、叔齐辞孤竹之君而饿死于首阳之山,骨肉不葬。鲍焦饰行非世,抱木而死。申徒狄谏而不听,负石自投于河,为鱼鳖所食。介子推至忠也,自割其股以食①文公。文公后背之,子推怒而去,抱木而燔②死。尾生与女子期于梁下,女子不来,水至不去,抱梁柱而死。此六子者,无异于磔③犬流豕④操瓢而乞者,皆离名⑤轻死,不念本养寿命者也。

——选自陈鼓应《庄子今注今译》第828页

【难点注释】①食(sì):给……吃。②燔(fán):烧。③磔(zhé):磔犬,被屠宰的狗。④豕(shǐ):猪。⑤离名:离,通"罹",遭受。看重名声。

【大意试译】世上所说的贤士,莫过伯夷叔齐。伯夷和叔齐辞让孤竹国的君位而饿死在首阳山上,尸骨得不到埋葬。鲍焦行为高洁非议俗世,抱着树木枯死。申徒狄诤谏而不被接纳,背石自投于河,为鱼鳖所食。介子推最忠心,割下自己大腿上的肉给晋文公吃,文公后来背弃他,介子推愤怒离去,抱着树木而烧死。尾生和女朋友约会在桥下见面,女朋友不来,洪水来了他不走,抱着桥柱而死。这六个人,无异于被屠的狗、沉河的猪、持瓢的乞丐,都是重于名而轻于死,不珍惜生命本根的人。

39

【思维评析】庄子认为，儒家所提倡的忠义，其实是非常愚蠢的。这是因为在庄子的价值观里，个体生命价值远超社会价值。个体不应该为了外在的名声而放弃自身生命价值，不应外求而应内修。忠贞、诚信，都是很宝贵的品质，但是，庄子认为还有更高的价值，那就是让生命体察大道、合于大道的逍遥境界。

（四）以德报怨

【原文呈现】为无事，事无事，味无味。

大小多少，（报怨以德）图难于其易，为大于其细；天下难事，必作于易，天下大事，必作于细。是以圣人终不为大，故能成其大。

夫轻诺必寡信，多易必多难。是以圣人犹难之，故终无难矣。

——选自陈鼓应《老子今注今译》第 298 页

【大意试译】以无为的态度去作为，以不搅扰的方式去做事，把恬淡无味当作有味。

大生于小，多起于少，（用德来报答怨恨）处理困难事要从容易的入手，做大事要从小事做起；天下的难事，必定从容易的做起；天下的大事，必定从细微做起。所以有道的人始终不自以为大，因此能成就大的事情。

轻易许诺的一定会失信，把事情看得太容易一定会遭遇更多的困难。所以圣人总把事情看得很难，这样终究也就没什么困难了。

【思维评析】该段文字有很深邃的辩证思维。第一，"为无为，事无事，味无味"强调的是相反相成的关系，以及从反面超越和实现自己的智慧。看似无所作为、无所事事，实则是顺其自然、天然化成，因而成就了最高层次的"为"。"事无事，味无味"也是同样的道理。第二，"大小多少"暗藏超越两极对立、打通对立、实现转换的智慧。如何把小看作大？需要深入小的内部，采取微观洞察的方式把握。如何把少看作多？也是如此。第三，以德报怨的智慧在哪里呢？孔子讲"以直报怨，以德报德"[1]，这是在人际关系中秉持了公正对等法则。而老子所强调的，恰恰是要超越恩怨、得失和荣辱，唯有包容、宽容与大度才能彻底消除人与人之间的恩怨情仇。正所谓"和大怨，必有余怨"[2]。第四，是先易后难、登高自卑、积少成多的实践智慧。第五，基于辩

---

[1] 钱穆著：《论语新解》，生活·读书·新知三联书店 2002 年版，第 343 页。
[2] 陈鼓应注译：《老子今注今译》，商务印书馆 2020 年版，第 341 页。

证思维的认知智慧。轻易许诺，多是没有仔细评估自己的实力，应该战略上藐视而战术上重视。

（五）执契不责

【原文呈现】和大怨，必有余怨；（报怨以德）安可以为善？
是以圣人执左契，而不责于人。有德司契，无德司彻。
天道无亲，常与善人。

——选自陈鼓应《老子今注今译》第341页

【大意试译】调解深重的怨恨，必然还有余留的怨恨，（用德来报答怨恨）这怎能算是妥善的办法呢？

因此圣人保存借据的存根，但是并不向人索取偿还。有德的人就像持有借据的人那样宽容，没德的人就像掌管税收的人那样苛取。

自然的规律是没有偏爱的，经常和善人在一起。

【思维评析】很显然，庄子对善恶的思考异于常人，这来自道家独特的思维方式。庄子认为，所谓善恶不过是人各以其是非为是非而引发的偏执判断。正因为怨恨难以消除，所以更需要以德报怨。但是，以德报怨是圣人的境界，在实际操作中还需要具备世俗的智慧。圣人保存借据的存根，可以防止小人的反噬，可以震慑恶人的歹念。虽然圣人不强迫对方偿还债务，但是自己的宽容并不是对方不懂得感恩甚至恩将仇报的理由。圣人宽容，又有防备。

（六）不精不诚，不能动人

【原文呈现】孔子愀[①]然曰："请问何谓真？"
客曰："真者，精诚之至也。不精不诚，不能动人。故强哭者虽悲不哀，强怒者虽严不威，强亲者虽笑不和。真悲无声而哀，真怒未发而威，真亲未笑而和。真在内者，神动于外，是所以贵真也。其用于人理也，事亲则慈孝，事君则忠贞，饮酒则欢乐，处丧则悲哀。忠贞以功为主，饮酒以乐为主，处丧以哀为主，事亲以适为主，功成之美，无一其迹矣。事亲以适，不论所以矣；饮酒以乐，不选其具矣；处丧以哀，无问其礼矣。礼者，世俗之所为也；真者，所以受于天也，自然不可易也。故圣人法天贵真，不拘于俗。愚者反此。不能法天而恤于人，不知贵真，禄禄而受变于俗，故不足。惜哉，子之蚤湛于人伪而晚闻大道也。"

——选自陈鼓应《庄子今注今译》第874页

【难点注释】①愀（qiǎo）：容色改变。

【大意试译】孔子悲伤地说："请问什么是本真？"

渔父说："所谓本真就是精诚的极致。不精不诚，就不能感动人。所以勉强哭泣的人虽然悲痛却不哀伤，勉强发怒的人虽然严厉却没有威势，勉强表示亲爱的人虽然笑容满面却不感到和悦。真正的悲痛没有声音而哀伤，真正的愤怒未曾发作而威严，真正的亲爱没有笑容而和悦。真性存于内心，使神色表现在外，这就是本真的可贵。将它用于人伦关系，侍奉双亲就会孝慈，辅助国君就会忠贞，饮酒就会欢乐，居丧就会悲伤。忠贞以功名为主，饮酒以欢乐为主，居丧以悲哀为主，侍奉双亲以适意为主。功业与成就在于效果圆满，而不必拘于具体事迹。侍奉双亲求安适，不必考虑用什么方法；饮酒求欢乐，没有必要挑选酒菜器具；居丧在于尽哀，不必讲究礼仪。礼节是世俗所为，真性禀受于自然，自然是不可改变的。所以圣人效法自然，真贵本真，不拘于世俗。愚昧的人相反，不能够效法自然而忧虑人事，就不知道真贵本真，庸庸碌碌随世俗变迁，因此总是不知足。可惜啊！你沉溺于人世的伪诈太早而听闻大道太晚了。"

【思维评析】这段选文非常强调"真"的价值：第一，表现为表里如一；第二，表现为顺应自然；第三，表现为保真求道。所谓表里如一，是内心的喜怒哀乐和外在的表情动作的一致性；所谓顺应自然，是强调人情感的抒发要适当，要切合自然的天性而非世俗的礼法；所谓保真求道，就是保存真情和珍惜本性，就是为了体察大道。

（七）鉴于止水

【原文呈现】仲尼曰："人莫鉴于流水，而鉴于止水，唯止能止众止。受命于地，唯松柏独也正；在冬夏青青；受命于天，唯尧舜独也正。在万物之首。幸能正生，以正众生。夫保始之征，不惧之实。勇士一人，雄入于九军。将求名而能自要者，而犹若是，而况官天地，府万物，直寓六骸，象耳目，一知之所知，而心未尝死者乎！彼且择日而登假，人则从是也。彼且何肯以物为事乎！"

——选自陈鼓应《庄子今注今译》第160页

【大意试译】孔子回答说："人不在流动的水面照见自己的影子，而在静止的水面照见自己的影子，只有静止的东西才能使别的事物静止。接受生命于地，只有松柏禀受自然之正，无论冬夏都郁郁青青；接受生命于天，但只有尧舜得性命之正，在万物中为首长。幸而他们能自正性命，才能去引导众人。能保全本始时的征验，才会有勇者的无所畏惧。勇士只身一人，也敢冲入千军万马之中。想要追求功名的人尚且能够这样，何况主宰天地，包藏万物，只把躯体当作寓所，把耳目当作外表，天赋的智慧能够烛照所知的境域，而心中未尝有死的念头的人呢！他能从容地选定吉日而超尘绝俗，人们都乐意随从他。他哪里肯以吸引众人为事呢？"

【思维评析】静水如镜，不仅能照众生，也能够让众生的心安静下来。这是在讲静的道理。松柏和尧舜，能够通过端正自身而影响他人，使对象变得端正。这是推己及人的功夫。一个专注于内心端正的人，一个保全本初之心的人，在世俗世界无所畏惧，在名利场中无所追求。

（八）与物为春

【原文呈现】哀公曰："何谓才全？"

仲尼曰："死生存亡，穷达贫富，贤与不肖毁誉，饥渴寒暑，是事之变，命之行也；日夜相代乎前，而知不能规乎其始者也。故不足以滑和，不可入于灵府。使之和豫通而不失于兑；使日夜无郤而与物为春，是接而生时于心者也。是之谓才全。"

"何谓德不形？"

曰："平者，水停之盛也。其可以为法也，内保之而外不荡也。德者，成和之修也。德不形者，物不能离也。"

——选自陈鼓应《庄子今注今译》第172页

【大意试译】哀公说："什么叫才性完备呢？"

孔子说："死、生、得、失，穷、达、贫、富，贤与不肖、毁、誉，饥、渴、寒、暑，这些都是事物的变化、天命的运行；好像昼夜的循环一般，而人的知见不可揣度它们的起始。了解这点就不足以让它们扰乱本性的平和，不至于让它们侵入我们的心灵。使心灵安适顺畅而不失去愉悦的心情；使日夜不间断地随物所在保持着春和之气，这就能萌生出在接触外物时与时推移的心灵。这就叫才性完备。"

"什么叫内德不外露呢？"

孔子说："水平是水的极端静止状态。它可以作为我们取法的准绳，内心保持极端的静止状态就可以不为外物所摇荡。德,就是最纯美的修养,德不着形迹,万物自然亲附而不离去。"

【思维评析】 才性完备,强调心灵处在纯真、安适、顺畅和圆满的状态,外物的变化不能影响心灵的安宁自在。内德不露,强调心灵中充满了中和之气,自然吸引天地万物。这是因为"致中和,天地位焉,万物生焉"[①]。中和之德,就是生生之德,是道在天地的体现。

二 对比阅读

(一) 以直报怨

【原文呈现】 或曰:"以德报怨,何如?"子曰:"何以报德?以直报怨,以德报德。"

——选自钱穆《论语新解》第 343 页

【大意试译】 有人对孔子说:"拿恩德回报怨恨,如何?"孔子说:"那拿什么回报恩德呢?该拿正直回报怨恨,拿恩德回报恩德。"

【思维评析】 孔子的学说可谓伦理学,研究的是在人类社会中人们相处的规则。所谓用正直来回报怨恨,指的摒弃私怨,公正无私地回应对方。具体来说,就是秉持公正的心来看待对方和自己之间的怨恨。该原谅就原谅,该放下就放下,该计较就计较,该低头就低头,该道歉就道歉,不能简单理解成耿直地回敬对方。以德报德,就是强调感恩和回报。

(二) 舍生取义

【原文呈现】 孟子曰:"鱼,我所欲也,熊掌亦我所欲也;二者不可得兼,舍鱼而取熊掌者也。生亦我所欲也,义亦我所欲也;二者不可得兼,舍生而取义者也。"

——选自杨伯峻《孟子译注》第 265 页

【大意试译】 孟子说:"鱼是我所喜欢的,熊掌也是我所喜欢的;如果两者

---

① 王国轩注译:《大学·中庸》,中华书局 2006 年版,第 46 页。

第四课　为善去恶

不能同时拥有，便舍去鱼，而选择熊掌。生命是我所喜欢的，道义也是我所喜欢的；如果两者不能同时拥有，便舍去生命，而选择道义。"

【思维评析】生命的价值和道义的价值，孰轻孰重？孟子认为在生命和道义不能两全的两难抉择中，人应该勇于舍弃生命而实现道义。这是因为，对道义的自觉追求，体现了人在道德上的自觉追求，而道德追求是人之所以为人的本质规定。当一个人为了比生命更有价值的道义而战胜求生的本能，这就意味着人的社会属性战胜了自然属性，社会属性是人的本质属性，由此人在真正的意义上实现了自己的价值。

（三）为善去恶

【原文呈现】无善无恶心之体，有善有恶意之动，知善知恶是良知，为善去恶是格物。①

【大意试译】无善无恶是心的本体，有善有恶是意念的发动，知道善恶是人的良心发现，行善去恶就是格物了。

【思维评析】人性本无善恶，这是性善论的观点。但是当面对世间任意对象和事件时，人作为价值性存在物，他一定会产生好恶之情或某种价值判断。重要的是，一个人要理性管控自己的个人好恶，要根据社会正义和基本价值观来判断是非。最为重要的是，人最终还是要基于是非判断去行动，去与现实关联——一切价值判断和修养归结到一点，就是要为善去恶，即以良知为标准并以此去行动。王阳明在老子的"天下皆知美之为美，斯恶已；皆知善之为善，斯不善已"② 善恶辩证二分的基础上，表达出更为丰富的意涵。

（四）人皆可以为尧舜

【原文呈现】曹交问曰："人皆可以为尧舜，有诸？"

孟子曰："然。"

【大意试译】曹交问道："人人都可以做尧舜，有这句话吗？"

孟子答道："有的。"

——选自杨伯峻《孟子译注》第 276 页

---

① 叶圣陶点校，王阳明撰：《传习录》，九州出版社 2018 年版，第 276 页。
② 陈鼓应注译：《老子今注今译》，商务印书馆 2020 年版，第 80 页。

45

【思维评析】尧和舜就是唐尧、虞舜，是中华民族始祖三皇五帝里面最后两帝。尧帝，姓尹祁，号放勋。因封于唐，故称"唐尧"，由于他德高望重，人民倾心于帝尧。舜帝，姓姚，传说目有双瞳而取名"重华"，号有虞氏，故称虞舜。

孟子的"人皆可以为尧舜"就是说人人都可以通过修炼成为贤能的人。很显然，这一观点基于他对人性之善的判断。

性善论是儒家对于人性的主流认识。同样作为儒家的荀子等人则认为人性是"恶"的，持"性恶"论观点。"人之性恶，其善者伪也"[1] 即出自荀子的《荀子·性恶》。

人性之善恶始终是一个值得讨论的话题。

三　拓展阅读

（一）人更近于兽

【原文呈现】人类的欲望原是无止境的，而许多人正是终生营营，力求填充自己的欲壑。[2]

【思维评析】亚里士多德认为人生来被欲望束缚，因此是"野兽"而非"神灵"，就是说人性本恶。当然，亚里士多德只是强调了人性或欲望"恶"的一面，事实上人的欲望还有其积极的一面，即推动人改造世界和自身从而使之进步和提升并臻至文明之境。我们要做的，就是要努力规避前者而达成后一目标。

儒家的人性观中既有性善论，也有性恶论，性善论是儒家思想传统的主流；西方的人性观则以性恶论为主，这一差异是导致中西方社会历史文化巨大差异的心理根源。

---

[1] 安小兰译注：《荀子》，中华书局 2007 年版，第 267 页。
[2] ［古希腊］亚里士多德著，吴寿彭译：《政治学》，商务印书馆 1965 年版，第 72 页。

（二）人是目的

【原文呈现】 无论是对你还是对别人，在任何情况下把人当作目的，决不只是当作工具。[①]

【思维评析】 人是理性生物，作为理性存在物，他必然以自身为目的，因而其本身就构成了自身的目的。同时，康德并没有完全否定人作为手段的一面，他要为自己、为自然制定规则（"立法"）并遵守规则，进而实现自由——从必然王国走向自由王国。

道德是理性规则之一，道德规则以人过上有价值的、善的生活为目的，同时又要求人必须遵循自身所制定的道德规则。

思考与活动

【思考探究】

1. 人生应有以真、善、美相统一的价值观念，你如何定义善和恶？
2. 你认为是否存在绝对意义上的善，也就是超越具体时代、民族、国家、社会的善？
3. 从现实意义上讲，为什么要"为善去恶"？

【尝试阅读】

1. 郭齐勇著：《中华文化精神的特质》，生活·读书·新知三联书店2018年版。
2. 蔡元培著：《中国人的修养》，中国画报出版社2014年版。
3. ［英］布伦达·阿尔蒙德著，刘余莉、杨宗元译：《关于善恶的对话》，中国人民大学出版社2021年版。

[①] 彭刚著：《西方思想史十二讲》，人民文学出版社2022年版，第382页。

第五课　有用无用

"有用"与"无用",我们说得最多、做得最多的,无疑是"有用"。"无用"除了排除或排斥外,好像真的就没用——不值一提,我们最多会说"无用乃大用",但往往只是说说而已,并不真心懂得。

老庄却独具慧眼,他们双双关注到"无用"。在老子眼里,车子、器皿和房屋有了"空"的地方,才有其用,治理国家要不折腾,军事上要么"不用"兵,要么就得"以奇"从速——最好不产生负面影响,而且认定治理国家、获得学问,最为关键的是"执大象",而这个"大象"就是无形无迹的"无用""无为"之道。

庄子的心中,骐骥、骅骝等良马,野猫和黄鼠狼等有用的一面,又都有无用的一面。樗和斄牛是看似无用而有大用的。不材的树得以存活,不能鸣的雁却被杀掉——有用与无用无所谓好坏,顺其自然即可;自然无为,是老庄共同的观念。

因此,不妨说"有用"与"无用"就如硬币的两面,如果只是关注"有用"一面,会因眼界偏狭而致困窘,我们已经为此吃够了苦头。听听老庄的指引,把眼界打开,关切"无用"的一面,两面互通互动,于治国、治学及人生,便光风霁月、天朗气清。

本课核心阅读选文内容链:①各有其用—②无用乃大用—③顺其自然—④执大象,天下往—⑤小国寡民—⑥以奇用兵。

本课对比阅读选文内容链:①任重道远—②做大丈夫—③穷·达。

本课拓展阅读选文内容链:①存在先于本质—②教育即生活。

一　核心阅读

(一)各有其用

【原文呈现】北海若曰:"以道观之,物无贵贱;以物观之,自贵而相贱;

以俗观之，贵贱不在己。以差观之，因其所大而大之，则万物莫不大；因其所小而小之，则万物莫不小；知天地之为稊米①也，知毫末之为丘山也，则差数睹矣。以功观之，因其所有而有之，则万物莫不有；因其所无而无之，则万物莫不无；知东西之相反而不可以相无，则功分定矣。以趣观之，因其所然而然之，则万物莫不然；因其所非而非之，则万物莫不非；知尧桀之自然而相非，则趣操睹矣。

昔者尧舜让而帝，之哙让而绝；汤武争而王，白公争而灭。由此观之，争让之礼，尧桀之行，贵贱有时，未可以为常也。梁丽可以冲城，而不可以窒穴，言殊器也；骐骥骅骝，一日而驰千里，捕鼠不如狸狌，言殊技也；鸱鸺②夜撮蚤，察毫末，昼出瞋目而不见丘山，言殊性也。故曰，盖师是而无非，师治而无乱乎？是未明天地之理，万物之情者也。是犹师天而无地，师阴而无阳，其不可行明矣。然且语而不舍，非愚则诬也。"

——选自陈鼓应注译《庄子今注今译》第452页

【难点注释】①稊（tí）米：稊，形似稗的草；稊米，稊的果实，与谷子相似。②鸱鸺（chīxiū）：猫头鹰。

【大意试译】北海神说："从道看来，万物本没有贵贱的区别；从万物自身来看，万物都自以为贵而又互相贱视；从流俗来看，贵贱都由外来而不在自己。从物与物之间的差别来看，顺着万物大的一面而认为它是大的，那就没有一物不是大的了；顺着万物小的一面而认为它是小的，那就没有一物不是小的了；明白了天地如同一粒小米的道理，明白了毫毛如同一座山丘的道理，就可以看出万物的差别和数量了。从功用上来看，顺着万物有的一面而认为它是有的，那就没有一物不是有的了；顺着万物所没有的一面而认为它是没有的，那就没有一个物不是没有的了；知道东方与西方的互相对立而不可以缺少任何一方向，那么就可以确定万物的功用和分量了。从取向看来，顺着万物对的一面而认为它是对的，那就没有一物不是对的了；顺着万物错的一面而认为是不对的，那就没有一物不是错的了；知晓唐尧和夏桀的自以为是而互相菲薄，那么就可以看出万物的取向与操守了。

从前唐尧和虞舜因禅让而称帝，燕相子之和燕王哙却因禅让而灭绝；商汤和周武王都因争夺而成为帝王，白公胜却因争夺而招致杀身。这样看来，争斗和禅让的体制，唐尧和夏桀的行为，哪一种可贵可贱是有时间性的，不可以视为固定不变的规律。栋梁可以用来卫城，却不可以用来堵塞洞穴，说的是器用的不同；骏马良驹一天能跑一千里，但是捉老鼠却不如野猫与黄鼠狼，这是说技能的不同；猫头鹰夜里能捉跳蚤，明察秋毫，可是大白天睁大眼睛也看不见高大的山丘，说的是禀性的不同。常常有人说：为什么不只取法对的而抛弃错的，取法治理的而抛弃变乱的？这是不明了天地的道理和万物实情的说法。这就像只是取法于天而不取法于地，取法于阴而不取法于阳，很明显是行不通的。然而还是把这种话说个不停，那便不是愚蠢就是故意瞎说了。"

【思维评析】骐骥、骅骝都是良马，它们的功用在于辅助交通和运输，野猫和黄鼠狼的功用在于捕捉老鼠，前者和后者都各有不同的功用，它们都是有用的。这就是《秋水》篇所说的"以功观之，因其所有而有之，则万物莫不有"[①]。从有用的视角来看待万物，那么万物没有不具备功用的。也就是说，世间万物，各有其用。然而庄子在这句之后又跟了一句"因其所无而无之，则万物莫不无"，说的是顺着其不具功用的一面看，则万物都是没有具备功用的。比如以能不能捉老鼠作为标准的话，那么骐骥、骅骝就是无用的，如果以是否能日行千里来作为标准，那么野猫和黄鼠狼就是无用的。

既然如此，那么世间万物是否有用如何判定呢？实际上，在庄子的观念里，世间万物都各有其用，这个"用"指的是物自身的存在、顺从本性的生长和价值实现。骐骥、骅骝、野猫、黄鼠狼对于自身来说，都是有用的，它们具有各自不同的技能，在自己的本性之下做符合本性的事情。当人按照人的私欲去判断"有用""无用"的时候，万物是否有用才出现了矛盾。当人需要千里马来辅助运输的时候，野猫和黄鼠狼是无用的；当人想要扑灭老鼠的时候，骐骥和骅骝是无用的。人的需求是变化的，万物的"有用"和"无用"也就随之而变化。如果看待事物不从其本性和本来面目出发，就容易陷入迷惑。人对自身的认知也一样，每个人都是自有其价值的，但是如果人按照世俗给出的标准去认知自己，可能就会对自身价值做出误判，陷入难堪境地。

（二）无用乃大用

【原文呈现】惠子谓庄子曰："吾有大树，人谓之樗[①]。其大本拥肿而不中绳墨，其小枝卷曲而不中规矩，立之途，匠者不顾。今子之言，大而无用，众所同去也。"

庄子曰："子独不见狸狌[②]乎？卑身而伏，以候敖者；东西跳梁，不辟高下；中于机辟，死于罔罟[③]。今夫斄牛[④]，其大若垂天之云。此能为大矣，而不能执鼠。今子有大树，患其无用，何不树之于无何有之乡，广莫之野，彷徨

---

① 陈鼓应注译：《庄子今注今译》，中华书局1983年版，第452页。

乎无为其侧，逍遥乎寝卧其下。不夭斤斧，物无害者，无所可用，安所困苦哉！"

——选自陈鼓应注译《庄子今注今译》第35页

【难点注释】①樗（chū）：落叶乔木，臭椿，一种劣质的大树。②狌（shēng）：黄鼠狼。③罟（gǔ）：网的统称。④斄（lí）牛：牦牛，体大不灵活。

【大意试译】惠子又对庄子说："我有棵大树，人们都叫它'樗'。它的树干却木瘤盘结而不符合绳墨，它的小树枝弯弯曲曲而不合规矩，生长在道路旁，匠人连看也不看它。现今你的言论，大而无用，大家都鄙弃它的。"

庄子说："先生你没看见野猫和黄鼠狼吗？卑伏着身子，等待那些出游的小动物；东西跳跃掠夺，不避高低；往往踏中机关，死于罗网之中。再看那斄牛，庞大的身体好像天边的云；虽然不能捉老鼠，但它的功能可大了。如今你有这么大一棵树，却担忧它没有什么用处，为什么不把它栽种在虚寂的天国，广漠的旷野，悠然自得地徘徊在树旁，自在地躺在树下。不遭受刀斧砍伐，没有什么东西来伤害它。虽然没有派上什么用场，哪里会有什么祸害呢？"

【思维评析】这段争论是葫芦和不龟手药之争的延续，不管是那个五石容积却无法盛水做瓢的葫芦，还是这段文字中无法做木材的大樗树，它们都喻指庄子大而无用的学说。惠子的攻击点是一致的，即你的学说虽然很大，对世人来说却是无用的。庄子在这一段对世俗功利之用进行了否定。意思是，惠子你衡量有用无用的标准是世俗功利的价值，这个标准本身是有问题的。

野猫和黄鼠狼有捕食小动物的技能，获取食物在世俗看来是有用的，但是野猫和黄鼠狼为了实现这个功用，不仅费尽心机，非常辛苦，而且它们最终的结局很可能是死在机关和猎网之中。庄子这里其实是在暗讽那些处心积虑、挖空心思获得世俗功名的人，他们为了世俗的名利，耗尽心力不说，最终还可能落得悲惨的下场。也就是说，按照世俗功利的标准去选择自己生命的方向，心力耗竭不说，还可能结局惨淡。

斄牛身体庞大，又有很多本事，在捕捉老鼠这件事上却是无能的，就像是一些有大德大才的人，他们在追求世俗名利这件事上是无能的一样。按照世俗功利标准来看，这两者确实都是无用的。不过庄子把世俗的名利比喻成捕鼠，本身就蕴含了对功名利禄的轻视。功名利禄是否有价值呢？有，但是庄子认为这个价值只是小的价值，世俗功利的标准也不应该成为评定一个东西价值大小的唯一的重要标准。

从世俗的功利价值标准来看，樗树确实没有价值，就如庄子自己的理论，

至美与大道
——《道德经》《庄子》精粹选读

从谋取官职和钱财的角度来看,也确实没有价值,那它们的价值在哪里呢?庄子认为,把樗树栽在"无何有之乡,广莫之野",也就是说放在一个非常辽阔的、什么也没有的空旷的地方,这个地方没有约束,有无限的空间,其实这喻指一种自由、自然的境界,人可以"彷徨乎无为其侧,逍遥乎寝卧其下",也就是在树下极为悠然自得地徘徊和躺着。在庄子描述的这个境界中,人与树都在一种极度遂顺自然本性的状态下生长,拥有着无限的自由,有一种惬意与悠然的心境。这是一种精神上的自由和自足,也是人本来应该追求的最高境界,也就是"道"的境界。这种境界从世俗功利的角度来看,是无用的,然而按照这个标准去选择人生方向,人在精神上是自足的、逍遥的、愉快的、惬意的,这是一种精神价值和审美价值的最高体现。所以,世俗标准下的无用,有可能才是超功利的,符合自然之美,有涵养精神之美的大用。

(三)顺其自然

【原文呈现】 庄子行于山中,见大木,枝叶盛茂,伐木者止其旁而不取也。问其故,曰:"无所可用。"庄子曰:"此木以不材得终其天年夫!"

出于山,舍于故人之家。故人喜,命竖子杀雁而烹之。竖子请曰:"其一能鸣,其一不能鸣,请奚杀?"主人曰:"杀不能鸣者。"

明日,弟子问于庄子曰:"昨日山中之木,以不材得终其天年;今主人之雁,以不材死;先生将何处?"

庄子笑曰:"周将处乎材与不材之间。材与不材之间,似之而非也,故未免乎累。若夫乘道德而浮游则不然。无誉无訾①,一龙一蛇,与时俱化,而无肯专为;一上一下,以和为量,浮游乎万物之祖;物物而不物于物,则胡可得而累邪!此神农黄帝之法则也。若夫万物之情,人伦之传,则不然。合则离,成则毁;廉则挫,尊则议,有为则亏,贤则谋,不肖则欺,胡可得而必乎哉!悲夫!弟子志之,其唯道德之乡乎!"

——选自陈鼓应注译《庄子今注今译》第534页

【难点注释】 ①訾(zǐ):诋毁。

【大意试译】 庄子在山中行走,看见一棵很大的树,枝繁叶茂,伐木的人停在树旁边却不去动手砍它。庄子问他们是什么原因,伐木的人说:"没有什么用处。"庄子说:"这棵树就是因为不成材才能够终享天年啊!"

庄子从山中出来,留宿在朋友家中。朋友很高兴,叫童仆杀鹅款待他。童仆问主人:"有一只能叫,有一只不会叫,请问应该杀哪一只呢?"主人说:

"杀那只不会叫的。"

第二天,学生问庄子:"昨日山中的大树,因为不成材而能终享天年,如今主人的鹅,因为不成材而被杀掉。请问先生要怎样处世呢?"

庄子笑道:"我将处于成材与不成材之间。在成材和不成材之间,似乎是妥当的位置,但其实不然,这样还是不能免除牵累。要是顺其自然而处世,就不会这样了。既没有赞誉也没有诋毁,时隐时现如龙见蛇蛰,顺着时序而变化,不偏执于任何一个固定点;时进时退,以顺其自然为原则,游心于万物的根源;主宰外物而不被外物役使,这样哪里会有牵累呢!这是神农和黄帝的处世态度。若是万事的私情、人类的习惯,就不是这样了。有聚合就有分离,有成功就有毁损;锐利就会遭到挫折,崇高就会遭到倾覆;有为就会受亏损,贤能就会被谋算,不肖就会受欺辱,怎可以偏执一方呢!可叹啊!弟子记住,凡事只有顺其自然啊!"

【思维评析】 在这则材料里,我们发现一个吊诡的状态,有用和无用都可能招致杀身之祸,似乎让人避无可避,无所适从。为什么会出现这样的情况呢?从根源上讲,这里"用"的标准是掌握在"他者"手中的,以大树和鹅为例,"有用""无用"是基于人类的需求而言的,人类需要大树的枝干来做各种建筑和生活材料,那么如果一棵树有用的话,它就一定会被砍伐,无法在森林中终其天年。人类需要鹅的身体来做食物,需要它鸣叫的声音来取悦自己,所以不会叫的鹅就会率先被杀掉食用。

这里看似出现了关于"有用""无用"矛盾的场景,实际上二者都是统一的。"有用"的那只鹅就算会鸣叫,下一次别的客人前来,主人大概率还是要杀掉它来款待客人的。只要鹅的生存依附于人类,它就大概率很难安享天年,区别就是宰鹅的那把刀来得早一点还是晚一点。不管鹅有用还是无用,它的结局都是差不多的。大树的生存不依附于人类,但是它的力量无法与人类抗衡,倘若人类准备把它生活的地方夷为平地,建造城市,修筑大楼,那么大树也很可能因为不材而死。鹅和树的命运都决定于人类是否需要,这和它们有用无用关系不大。

倘若"有用""无用"的标准不是人类的需要,而是物本身的需要,这个矛盾就得到了很好的解决。对于鹅和树来说,保存自身生命,让自己顺从天性、自由畅意地长久生活就是最大的"有用",那么,大树无法作为人类的木材并非无用,反而是大用,"不成材"的特点让它保存了自己的生命。对于鹅来说,能够鸣叫是暂时的"有用",因为这个技能暂时保全自己的性命,但是被人类豢养的处境,让它不管拥有什么特点和技能,都是"无用"的,因为它无法保全生命，自由自在地生活。或许能够飞走才是对它最"有用"的技能。

人也是如此，倘若一个人不以尊重天性、自由生活作为自己的评价标准和奋斗方向，而是以世俗的名利作为标准的话，那么如果没有获得名利，他是痛苦的，如果他追随并去努力得到名利，这个充满艰辛和算计的过程也有可能是痛苦的，最后当他失去名利的时候，更是痛苦和失落。衡量自身价值的标准设置错误的话，人生很难获得长久的快乐。所以庄子倡导"乘道德而浮游""无誉无訾，与时俱化"，不惧外界的赞誉和诋毁，以自己的本心为标准，依从本心去做人和做事，并根据环境的不同，适时调节自己的定位和方向，这才能够超越世俗的干扰，达到人生的自由状态。

（四）执大象，天下往

【原文呈现】执大象，天下往。往而不害，安平太。

乐与饵，过客止。道之出口，淡乎其无味，视之不足见，听之不足闻，用之不足既。

——选自陈鼓应注译《老子今注今译》第205页

【大意试译】持守大道，天下都会归往。归往而不互相伤害，于是大家都安泰平和。

音乐和美食，能使过路的人停步。而"道"的表述，却平淡无味，看起来不起眼，听起来不入耳，用起来却受益无穷。

【思维评析】"大象"就是大道，它无相无形，通于万物，把握住了它，就拥有了世界。在知识与智慧之间，知识是微乎小者——芝麻，智慧是荦荦大端——西瓜。每遇关乎二者的选择时，明智地作为，就可事半功倍，反其道而行之，就会事倍功半。

（五）小国寡民

【原文呈现】小国寡民，使有什伯人之器而不用；使民重死而不远徙。虽有舟舆，无所乘之；虽有甲兵，无所陈之。使民复结绳而用之。

甘其食，美其服，安其居，乐其俗。邻国相望，鸡犬之声相闻，民至老死，不相往来。

——选自陈鼓应注译《老子今注今译》第345页

【大意试译】国土狭小，人民稀少，即使有十倍百倍人工的器械却并不使用；使人民重视死亡而不向远方迁徙。虽有车辆船只，却没有必要去乘坐；虽然有铠甲武器，却没有必要陈列使用，使人民回到结绳记事的状况。

人民有甜美的饮食、美观的衣服、安适的居所、欢乐的习俗。邻国之间可以互相看得见，鸡鸣狗吠的声音可以相互听得着，人民从生到死，相互不往来。

【思维评析】老子认为，"小国寡民"是国家治理的理想局面，不用技术和工具，没有战争和掠杀，人们珍视生命而不愿奔波，过着原始而又自得其乐的生活。

老子的回到原始文明的这一套治世理想，看起来是可笑的，因为人类历史发展总是不断产生物质、技术以及其他诸多文明成果。老子的"小国寡民"的价值在于思维方式：现代文明的创造者和拥有者在推进文明和进步时，务必时刻记住文明也是把"双刃剑"，它在满足人的欲望时，也会伤及人自身，因此一切文明建设都应与人文伦理建设同步，不能顾此失彼。

（六）以奇用兵

【原文呈现】以正治国，以奇用兵，以无事取天下。吾何以知其然哉？以此：

天下多忌讳，而民弥贫；民多利器，国家滋昏；人多伎巧，奇物滋起；法令滋彰，盗贼多有。

故圣人云："我无为，而民自化；我好静，而民自正；我无事，而民自富；我无欲，而民自朴。"

——选自陈鼓应注译《老子今注今译》第 280 页

【大意试译】以清静之道治国，以诡奇的方法用兵，以不搅扰人民来治理天下。我怎么知道是这样的？从下面这些事端上可以看出：

天下的禁忌越多，人民越陷于贫困；人间的利器越多，国家越陷于昏乱；人们的技巧越多，邪恶的事情就连连发生；法令越森严，盗贼反而不断增加。

所以有道的人说："我无为，人民就自我化育；我好静，人民就自然上轨道；我不搅扰，人民就自然富足；我没有贪欲，人民就自然朴实。"

【思维评析】选文表达老子的治国和用兵理念。我们着重谈谈"以奇用兵"这个军事问题，为什么要用诡奇的方法呢？其实就是兵贵神速。为什么要兵贵神速呢？因为"以道佐人主者，不以兵强天下。其事好还。师之所处，荆棘生焉（大军之后，必有凶年）"①。战争给社会带来灾难，因而治世者"不以兵强天下"，而选择"以道佐人主者"，这个道就是"无为""无用"的大道。其实这一军事主张与中国古代军事家孙武"慎战"②的思想遥相呼应。

二 对比阅读

（一）任重道远

【原文呈现】 曾子曰："士不可以不弘毅，任重而道远。仁以为己任，不亦重乎？死而后已，不亦远乎？"

——选自钱穆《论语新解》第187页

【大意试译】 曾子说："有抱负的人不可以不志向远大，意志坚强，因为他肩负着重大的使命，路途又很遥远。把实现'仁'的理想看作自己的使命，不也很重大吗？直到死才停止，这不也是很遥远吗？"

【思维评析】 儒家有天然的使命感，正因为肩负着重大的使命和责任，所以儒家子弟需要树立高远的志向，磨炼坚强的意志，从而实现这个使命。那么儒者的使命是什么呢？是"仁"。儒者终其一生，都要追求"仁"的实现，虽然实现"仁"的这条路很遥远。儒家一直在追求"有用"，执着于这一价值追求。然而儒家的有用并非为私的，而是为公的，也就是说，是基于芸芸众生的福祉，基于普天之下所有人的利益，他们希望能够有一个妥帖的秩序让天下的人都能和谐地生活。儒家的追求总让人有一种执着的悲壮美感，往往是奉献自己的一生，为大同社会的伟大理想而不断奋斗。这个理想超脱世俗功名利禄的，境界极高远。

---

① 陈鼓应注译：《老子今注今译》，商务印书馆2020年版，第192页。
② 陈鼓应注译的《老子今注今译》第三十一章中有"夫兵者，不祥之器，物或恶之，故有道者不处"之语。在陈曦译注的《孙子兵法》第225页中有"主不可以怒而兴师，将不可以愠而致战；合于利而动，不合于利而止。怒可以复喜，愠可以复悦，亡国不可以复存，死者不可以复生。故明君慎之，良将警之，此安国全军之道也"之说。

（二）做大丈夫

【原文呈现】富贵不能淫，贫贱不能移，威武不能屈，此之谓大丈夫。

——选自杨伯峻《孟子译注》第 141 页

【大意试译】富贵不能扰乱我的思想，贫贱不能改变我的操守，威武不能屈服我的意志，这才叫作有志气有作为的大丈夫。

【思维评析】这里谈的是作为士人的个人修养，也可作为当代青年自我鞭策和警醒的原则。一个人，要保持自己独立的人格，坚守自身的理想，就要做到在外力干涉面前，坚守自我，不因自身境遇、外在环境和压力的变化而改变。外力干涉有哪些呢？这里举了三个例子，一个是身处富贵的环境，一个是处于贫贱的环境，一个是有强大外力施以威压。人在富裕和位高权重时不要为声色所迷，不要因地位高而骄傲自满。人在贫穷和地位低下的时候也不要自卑，做出违背仁义道德之事。当一个人面临强大的外力压迫时，要坚守原则和理想，不要屈服。这就是儒家的人格期许，唯有拥有如此人格的君子，才能够坚定不移地承担家国责任，去实现理想。

（三）穷·达

【原文呈现】穷则独善其身，达则兼善天下。

——选自杨伯峻《孟子译注》第 304 页

【大意试译】如果穷困便独善其身、修养个人品德，以此表现于世，如果得意，便兼善养天下。

【思维评析】这里提到了人生命中的两个状态，"穷"是不得志的时候，儒家强调在这时一个人要使自身保持"善"的状态，要注重修身，不断向内审视自己，磨砺心智，提升修养，让自己成为一个更加有精神力量的人。儒家的观点是，人的自我实现是从内而外的，先是修身，然后才是齐家，再然后是治国平天下。当一个人不得志的时候，就回到精神的起点，完成修身的工作，待到时来运转，修身所拥有的精神财富就能够运用到更为广阔的地方。"达"是得志显达的时候，一个君子在这种时候，要让天下都能够处于一个"善"的状态。也就是说要承担起社会责任，凭借自身的地位和力量，让天下的所有人能够更加幸福。这个观点和道家的"一龙一蛇,与时俱化"[①]有相通之处。

三 拓展阅读

(一)存在先于本质

【原文呈现】一个人投入生活,给自己画了像,除了这个画像,什么都没有。[②]

【思维评析】这句话是"存在先于本质"的形象表达。萨特认为人是存在先于本质的,也就是说,人类并没有在出现之前,就被某种力量事先定好了本质,人是自由的,有多种可能的。与之相对,什么是本质先于存在呢?比如一个杯子,它在被制造之前就已经定好了本质——容纳液体的某种器具,工匠按照这个本质去设计和创造了杯子。对于杯子来说,先出现了它的本质,而后它才存在。但人是不同的,人在没有本质的时候就已经出现了,人是存在先于本质的生物。没有上帝先提出有人这样的东西,然后再去创造人类,人类就是自身,人拥有无限的可能性,每一个可能性都是人自己做出决定并为之负责。这和道家倡导的顺从人的自然天性去生活有相通之处。

(二)教育即生活

【原文呈现】教育即生活、教育即生长、教育即经验的改造。[③]

【思维评析】杜威是美国实用主义哲学和教育家,这是他的教育信条,即他的核心教育理念。杜威把教育与人的生活、人的成长以及人的感性经验联系起来,显示出他对教育实用价值的充分关切。这是杜威教育理论中的主旋律,

---

① 陈鼓应注译:《庄子今注今译》,中华书局1983年版,第534页。
② [法]萨特著,周煦良、汤永宽译:《存在主义是一种人道主义》,上海译文出版社1988年版,第19页。
③ [美]杜威著,罗德红、杨小微编译:《我的教育信条》,华东师范大学出版社2015年版,第94~99页的表述是:"我认为教育是生活的过程,而不是将来生活的预备。""我认为学校应当把这些活动呈现给儿童,并且以各种方式把它们再现出来,使儿童逐渐地了解它们的意义,并能在其中起着自己的作用。我认为这是一种心理学的需要,因为这是使儿童获得继续生长的唯一办法。""我认为教育应该被认为是经验的改造;教育的过程和目的是完全相同的东西。"

直到今天它仍影响着美国教育和美国社会。

思考与活动

【思考探究】

1. 如何理解"各有其用"这一判断？它对当下的我有何启示？
2. "执大象天下往"的"大象"是什么？谈谈你对这句话的体悟。
3. 有关"有用与无用"这一话题的学习，你感觉收获最大的有哪些？请一一列举出来。

【尝试阅读】

1. 周国平著：《无用之学》，上海三联书店2012年版。
2. 林清玄著：《在云上》，河北教育出版社2006年版。
3. ［法］丹纳著，傅雷译：《艺术哲学》，江苏文艺出版社2012年版。

第六课　内外之化

"化"本为"匕",倒人形。《说文解字》曰:"匕,变也,从到(倒)人。"后添加一正立的人形,从二人,一为正立的人,一为倒立的人,即今"化"字,泛指"变化"。《庄子》中论"化"处非常多,如"化""物化""形化""自化""造化"等,对事物的产生、发展、变化、消亡的原因和规律都有深入的论述。《庄子》提醒人们应从"化者"(物)的境界转化到"不化者"(道)的高层次,由"内化而外不化"的一般民众转为"外化而内不化"的智慧者;在提升自我的同时,要顺应自然,这样就进入人与宇宙和谐圆满的境界。在庄子看来,人应该内心始终有所坚持,与道合一,不盲从世俗,但对于大千世界,则应顺势而积极为之,与万物相处而不伤害万物,在社会中安身立命。"内不化"是"外化"的基础,离开了"内不化","外化"就成了盲从世俗。外化于世界,以万变应万变;内不化于道,以不变应万变。

本课核心阅读选文内容链:①人籁·地籁·天籁—②罔两问景—③万物与我为———④质真若渝—⑤被褐怀玉—⑥盛德若不足—⑦外化内不化。

本课对比阅读选文内容链:①待贾而沽—②择善而从—③反求诸己。

本课拓展阅读选文内容链:①扼住命运的咽喉—②道德法则与灿烂星空。

一　核心阅读

(一)人籁·地籁·天籁

【原文呈现】子游曰:"敢问其方。"

子綦①曰:"夫大块噫②气,其名为风。是唯无作,作则万窍怒呺③。而独不闻之翏翏④乎?山林之畏佳⑤,大木百围之窍穴,似鼻,似口,似耳,似枅⑥，似圈，似臼，似洼者，似污者；激者，謞⑦者，叱者，吸者，叫者，譹⑧者，宎⑨者，咬者。前者唱于而随者唱喁⑩。泠⑪风则小和，飘风则大和，厉风济则众窍为虚。而独不见之调调之刁刁乎？"

子游曰："地籁则众窍是已，人籁则比竹是已。敢问天籁。"

子綦曰："夫天籁者，吹万不同，而使其自己也，咸其自取，怒者其谁邪！"

——选自陈鼓应《庄子今注今译》第 39 页

【难点注释】①綦（qí）：南郭子綦，楚昭王庶弟，字子綦，居住城南，取号南郭。②噫（yī）：吐气出声。③号（háo）：吼叫。④翏翏（liù）：风声。⑤畏佳（cuī）：即崔嵬，山势高下盘回。⑥枅（jī）：横木上的方孔。⑦謞（xiāo）：箭去之声。⑧譹：同"嚎"。⑨宎（yǎo）：风吹到深谷声。⑩喁（yú）：应合之声。⑪泠（líng）：泠风，小风。

【大意试译】子游说："请问三籁的究竟？"

子綦回答说："大地发出来的气，叫作风。这风不刮则已，一刮起就会千万个孔都怒吼起来。你没有听到那长风呼啸的声音吗？山陵中高下盘回的地方，百围大树上的孔穴，有的像鼻子，有的像嘴巴，有的像耳朵，有的像梁上的方孔，有的像杯圈，有的像舂臼，有的像深池，有的像浅洼；（这些窍穴中发出的声音）有的像激水声，有的像响箭声，有的像叱咄声，有的像吸气声，有的像叫喊声，有的像嚎哭声，有的像深谷发出的声音，有的像哀切感叹的声音。前面的风声呜呜地唱着，后面的孔窍呼呼地和着。轻风则相和的声音小，大风则相和的声音大。大风吹过去了，则所有的窍孔都寂然无声了。你难道没有看见风刮起时树木摇曳晃动的样子吗？"

子游说："地籁是风吹众窍孔所发出的声音，人籁则是人吹竹管所发出的声音。请问天籁又是什么？"

子綦说："天籁是风吹万种窍孔发出的各种不同的声音，这些声之所以千差万别，是各种窍孔的自然状态所致，鼓动它们发声的还有谁呢？"

【思维评析】人籁是人为之声，人有意识创造不同的声音表达主观感受，地籁不受人的控制，却需要风发挥作用，天籁则既不需要人吹，也不需要风发挥作用，或者说，本来就没有声音。大地吐出的气，吹过大地的窍孔，发出了或激烈，或缓和，或大，或小，或尖锐，或柔和的声音。而大地之气离开之后，窍孔则回归原本的状态，而虚无缥缈的气体由地上到天空，无遮无拦，悄无声息。万籁俱寂，才是真正的天籁。如果只闻人籁，就只能被困在人的自我局限里，而无法真正认知天地自然。庄子宣扬齐物思想，认为物虽有万殊，但本质却是相同的，但人的"成心"却使人看待世界时不由自主地带上了主观想法。普通的人困于七情六欲，眼界局限，容易陷入自我编织的囚笼，而无法面对真实世界。只有真正达到内心的宁静，才可以享受无是无非，聆听无声之声，进入无我之境，而这时的天籁不再是听觉上的声音，而是心弦之乐，人的心灵进入澄明境界。庄子说"吾丧我"，也就是应当去除成见、我执，打破自我中心，保持心灵开放。

（二）罔两问景

【原文呈现】 罔两问景曰："曩①子行，今子止；曩子坐，今子起；何其无特操与？"

景曰："吾有待而然者邪？吾所待又有待而然者邪？吾待蛇蚹②蜩③翼邪？恶识所以然！恶识所以不然！"

——选自陈鼓应《庄子今注今译》第 100 页

【难点注释】 ①曩（nǎng）：从前。②蚹（fù）：鳞皮。③蜩（tiáo）：蝉。

【大意试译】 影外微阴问影子说："刚才你移动，现在你又停止下来；刚才你坐着，现在你又站起来；你怎么这样没有独特的意志呢？"

影子回答说："我因为有所依赖才会这样子吗？我所依赖的东西又有所依赖才会这样子吗？我所依赖的犹如蛇依赖于腹下鳞皮而行、蝉依赖于翅膀而飞吗？我怎能知道为什么会这样！又怎能知道为什么不会这样呢！"

【思维评析】 影子依赖于人，人又依赖什么呢？普罗大众大多依赖本能和功利心而行，或是受环境的影响而随波逐流。庄子说："物物而不物于物，则胡可得而累邪！"① 大意是，利用外物，而不被外物所役使，这样怎会受到牵累呢！类似的名言还有不少，管子有言："君子使物，不为物使。"② 荀子也讲："君子役物，小人役于物。"③ 这些言论都是教导人们不要为外物所役，要做物的主人，而不是奴隶。利用外物、支配外物，做自己的主人，也就是"外化而内不化"。当今时代，科技飞速发展，给人们带来诸多便利。人可以"物"的物与日俱增，"物物"的能力也越来越强。与此同时，"物于物"的人也日益增多。我们既要享受"物"带来的便利、乐趣，又要摆脱对物的过度依赖，追

---

① 陈鼓应注译：《庄子今注今译》，中华书局 1983 年版，第 535 页。
② [春秋]管仲撰：《管子》，北京燕山出版社 1995 年版，第 341 页。
③ 安小兰译注：《荀子》，中华书局 2007 年版，第 24 页。

求心灵的自由,这样才能"超然物外"。

(三)万物与我为一

【原文呈现】夫天下莫大于秋毫之末,而大山为小;莫寿于殇子,而彭祖为夭。天地与我并生,而万物与我为一。既已为一矣,且得有言乎?既已谓之一矣,且得无言乎?一与言为二,二与一为三。自此以往,巧历不能得,而况其凡乎!故自无适有以至于三,而况自有适有乎!无适焉,因是已。

——选自陈鼓应《庄子今注今译》第 80 页

【大意试译】天下没有比秋毫毛的末端更大的东西,而泰山却是小的;没有比夭折的婴儿更长寿的,而彭祖却是短命的。天地与我并存,而万物与我合为一体。既然合为一体,还要言论吗?既然已经说了"合为一体",还能说没有言论吗?万物一体加上我所说的就成了"二","二"再加上"一"就成了"三",这样继续往下算,就算最精巧的计算者也不能算出最后的数目,何况普通人呢?从无到有已经生出三个名称了,何况从有到有呢!不必再往下计算了,因任自然就是了。

【思维评析】泰山为小而秋毫为大,彭祖短寿而殇子长寿,显然都不符合常人认知。那么庄子为何这样讲呢?形状大小和寿命长短都是源于运用某种人为标准来评判的结果。若是换一个标准,自然会得出不同的结论。庄子为何说"天地与我共生"呢?从意识的角度来看,"天地"始终是我对天地的认识,我是生活在"所认识的天地"里的"我","我"和"我所认识的天地"在意识层面上是并生的,纯粹客观意义上的天地是无法把握的。从道的角度来看,植物、动物、微生物和人类都是一样的,没有高下之分,"万物与我为一"。"物自体"是客观的,是"实体一"。而当我们用"物自体""实体"等概念来称呼时,就产生了和"实体一"对应的"概念一"。而"实体一"和"概念一"处在客观和主观的二元对立关系之中,一方面形成了"二",另一方面也使得所指的"实体一"和纯粹的自在的"实体一"不同,因而也就有了"三"。真正的纯粹的"实体一"是自在状态的,是不能被语言、逻辑、符号所约束和表达的。一旦进入人类的认识领域,就已经不是本来的状态了。

(四)质真若渝

【原文呈现】上士闻道,勤而行之;中士闻道,若存若亡;下士闻道,大

至美与大道
——《道德经》《庄子》精粹选读

笑之。不笑不足以为道。故建言有之：

明道若昧；进道若退；夷道若纇①；上德若谷；大白若辱；广德若不足；建德若偷；质真若渝；大方无隅；大器晚成；大音希声；大象无形；道隐无名。夫唯道，善贷且成。

——选自陈鼓应《老子今注今译》第229页

【难点注释】①纇（lèi）：不平。

【大意试译】上士听了道，努力去实行；中士听了道，将信将疑；下士听了道，哈哈大笑。——不被嘲笑，那就不足以成为道了。所以古时候立言的人说过这样的话：

光明的道好似暗昧；前进的道好似后退；平坦的道好似崎岖；崇高的德性好似低下的川谷；最纯洁的心灵好似含垢的样子；广大的德性好似有所不足；刚健的德性好似懦弱的样子；质性纯真好似随物变化的样子；最方正的好似没有棱角；贵重的器物总是最后完成；最大的乐声反而听来没有音响；最大的形象反而看不见形迹。道幽隐而没有名称。只有道，善于辅助万物并使它完成。

【思维评析】上士，听闻大道能够实行，强调不需辩论、炫耀。中士，对于大道似懂非懂。下士，听闻大道就觉得荒谬不可信，因此嘲笑。通过三种人的不同反应，看似在描述道的不同遭遇，实则在引导众人迈入道的境域：警惕内心的狂妄愚痴，主动求道。接下来，列举了一系列构成矛盾的事物双方，表明现象与本质的矛盾统一关系，它们彼此相异，互相对立，又互相依存，彼此具有统一性，说明相反相成是事物发展变化的规律。此处论证了矛盾的普遍性，揭示出辩证法的真谛，是极富智慧的。道隐奥难见，需要突破思维束缚，从矛盾的对立统一角度来理解。

（五）被褐怀玉

【原文呈现】吾言甚易知，甚易行。天下莫能知，莫能行。

言有宗，事有君。夫唯无知，是以不我知。

知我者希，则我者贵。是以圣人被褐怀玉。

——选自陈鼓应《老子今注今译》第318页

【大意试译】我的话很容易了解，很容易实行。大家却不能明白，不能实行。

言论有主旨，行事有根据。正由于不了解这个道理，所以不了解我。

了解我的人越少，取法我的人就很难得了。因而有道的圣人常常穿着粗布衣服而内怀美玉。

【思维评析】"道"作为世上的普遍规律，是浅显易懂的，但真正懂得"道"、践行"道"的人太稀少了。老子用看似发牢骚的话语阐述了大道的特点。老子声称自己的话很简单、很容易理解和实行，却没有人能够理解、实行；自己的话是有宗旨的、办事是有主见的，可是世人多惑于躁进，迷于名利，对此表现迟钝，甚至不加理会。老子还谈到了圣人（得道者）的真实情态：圣人的外部特征是穿着粗布衣服，和平常人没什么异样，但在如此简陋粗粝的外表下掩盖的是冰清玉洁的内心。披着不起眼的衣服，是为了和尘土混同；怀里抱着玉，是珍视自己的本真。"被褐"，可以理解为"外化"；"怀玉"，则是"内不化"。"被褐怀玉"之人，看起来没什么与众不同，但内心丰富而高贵。老子主张克制欲望，摆脱名利枷锁，保持人格独立，达到内心完美，这一思想在当今同样适用。

（六）盛德若不足

【原文呈现】阳子居南之沛，老聃西游于秦，邀于郊，至于梁而遇老子。老子中道仰天而叹曰："始以汝为可教，今不可也。"

阳子居不答。至舍，进盥漱巾栉，脱屦户外，膝行而前曰："向者弟子欲请夫子，夫子行不闲，是以不敢。今闲矣，请问其过。"

老子曰："而睢睢盱盱[①]，而谁与居？大白若辱，盛德若不足。"

阳子居蹴然变容曰："敬闻命矣！"

其往也，舍者迎将，其家公执席，妻执巾栉，舍者避席，炀者避灶。其反也，舍者与之争席矣。

——选自陈鼓应《庄子今注今译》第788页

【难点注释】①睢（suī）睢盱（xū）盱：傲视的样子。

【大意试译】阳子居南下到沛地，老聃西游到秦地，约在郊外见面，到了梁地遇见了老子。老子在途中仰头向天长叹道："起初我认为你可受教，现在才知道你不行。"

阳子居默然不应。到了旅舍，阳子居侍奉老子梳洗用品，把鞋脱在门外，然后膝行到老子面前说："刚才我想请教先生，先生忙着赶路，所以没敢打搅。现在有空闲了，请问我的过错。"

老子说："你一副傲慢的样子，谁愿跟你相处呢？最洁白的事物好像含垢的黑点，道德高尚的人好像不足的样子。"

阳子居听了，满面羞惭地说："敬听先生的教诲。"

阳子居刚到沛地的时候，旅舍中的所有人都来迎送他，旅舍男主人替他安排座席，女主人为他拿毛巾和梳子，先坐的客人让出位子，烧饭的人不敢当厨。等到他离沛返回时，旅舍的客人便不再拘束和他争席而坐了。

【思维评析】骄傲自满，傲气凌人，会让自己和众人有隔阂，难亲近。高高在上者脱离周围的人，就会成为真正的寡德之人。修道者不应如此。就道而言，万物平等；在修道者眼中，自己和他人平等齐观。"大白若辱，广德若不足"[①]，真正清白的人，不自以为清白，应自觉像有缺点似的；真正有盛德的人，不自以为道德清高，应自以为还欠缺什么。反之，自以为聪明的人，其实是不够聪明的人。自以为有德的人，是不够有德的人。懂得谦虚，自以为不足的人，才能不断长进。学道，修道，就是要化解掉自己的傲气、娇气和戾气。

（七）外化内不化

【原文呈现】仲尼曰："古之人，外化而内不化，今之人，内化而外不化。与物化者，一不化者也。安化安不化，安与之相靡，必与之莫多。狶[①]韦氏之囿，黄帝之圃，有虞氏之宫，汤武之室。君子之人，若儒墨者师，故以是非相韲[②]也，而况今之人乎！圣人处物不伤物。不伤物者，物亦不能伤也。唯无所伤者，为能与人相将迎。山林与！皋壤与！使我欣欣然而乐与！乐未毕也，哀又继之。哀乐之来，吾不能御，其去弗能止。悲夫，世人直为物逆旅耳！夫知遇而不知所不遇，能能而不能所不能。无知无能者，固人之所不免也。夫务免乎人之所不免者，岂不亦悲哉！至言去言，至为去为。齐知之所知，则浅矣。"

——选自陈鼓应《庄子今注今译》第628页

【难点注释】①狶（xī）韦氏：传说中的远古帝王。②韲（jī）：诋毁，攻击。

【大意试译】孔子说："古时候的人，行动能顺物运转而内心凝静，现在的人，内心游移而行动不能适应环境变化。随物变化的，内心却凝静不变。变化与不变化都安然顺任，安然和外境相顺应，参与变化而不妄自尊大。狶韦氏的苑囿，黄帝的园圃，虞舜的宫阙，商汤、周武王的房舍（愈来愈狭小了）。君子一类的人，像儒墨家之流，还是用是非好坏来相互攻击，何况现在的人呢！圣人与外物相处却不损伤外物。不伤害外物的人，外物也不会伤害他。只有无

---

① 陈鼓应注译：《老子今注今译》，商务印书馆2020年版，第229页。

所损伤的，才能够与他人往来。山林啊！旷野啊！欣然欢乐啊！欢乐还未消逝，悲哀又接着到来。悲哀与欢乐的到来，我无法阻挡，悲哀与欢乐的离去，我也不可能制止。可悲啊！世人只不过是外物临时栖息的旅舍罢了。知道所遇着的而不知道所遇不着的，能够做到所能做到的而不能做到所不能做到的。有所不知与有所不能，本来是人所不可回避的。要是追求人所不能免的事，难道不是很可悲么！最好的言论是什么也不说，最好的行动是什么也不做。要想使人所知道的相同，那就浅陋了。"

【思维评析】"内""外"之"化"与"不化"，探讨的是如何处理人的自然本真与外界事物的关系。"内"，内心，指人在精神自由层面所保持的自然本性；"外"，指人对内心之外的所有事物的态度以及外在行为。"外化"，是人的行为、表现顺遂外在事物的变化而变化，不违逆时俗。庄子所说的"外化"是超越世俗甚至万物，对"道"的顺应。"外化"是对物的顺应而不是对抗，因此人和物就成为和谐的关系而互不相伤了。"内化"是改变内在的自然本性，如追慕权贵、曲意逢迎等，"内不化"则反之，是保持内心的本真，不追随时流，不失去自我。反观现实，有的人追逐外在事物而失去了自我的本心，他人还是那个人，而内心早已不是原来的他了，也就是"外不化而内化"。"外化"和"内不化"是相辅相成的关系。物的变化就是道的运行，人与道随化，内心的本真不用刻意保持而得到了保持。"日与物化者，一不化者也"[1]，与物随化的"外化"，其实就是"内不化"。"外化"是"化于道"，而"内不化"是"守于道"，内外一也。

二 对比阅读

（一）待贾而沽

【原文呈现】子贡曰："有美玉于斯，韫[1]椟而藏诸？求善贾而沽诸？"

子曰："沽之哉！沽之哉！我待贾者也。"

——选自钱穆《论语新解》第213页

【难点注释】①韫（yùn）：藏。

---

[1] 陈鼓应注译：《庄子今注今译》，中华书局1983年版，第718页。

【大意试译】子贡说:"这里有一块美玉,把它放在柜子里藏起来呢,还是求一个好价钱卖掉呢?"孔子说:"卖掉它啊!卖掉它啊!我在等待买主呢。"

【思维评析】此处借助卖掉美玉,比喻才华得到施展。儒家强调积极入世、经世致用的价值观。"内圣外王"[1] 一词虽首见于《庄子·天下》,但已成为儒家人生哲学的代名词。"内圣"于自修,"外王"于事功,即"内足以资修养而外足以经世"[2]。道德修养达到极致,即为"内圣"。经世之功达到极致,即为"外王"。儒家是入世之学,对自己严格要求,对外服务于社会。个人要有所作为,积极改变社会环境,这往往需要得到掌权者的认可、重视。"千里马常有,而伯乐不常有",怀才不遇成为无数知识分子人生痛苦的根源。有人由此生出"待价而沽"之举,谁给好的待遇就替谁工作,将自己当商品,等待高价出售,则是误入歧途了。

(二)择善而从

【原文呈现】子曰:"三人行,必有我师焉。择其善者而从之,其不善者而改之。"

——选自钱穆《论语新解》第 167 页

【大意试译】先生说:"几个人一道行走,其中一定有可以做我老师的人。我选择他的优点来学习,对照他的缺点来改正。"

【思维评析】人活于世,免不了与不同的人打交道,要处理好各种人际关系。儒家强调知人、爱人,推己及人,注重向他人学习,转益多师以完善自我。人要虚心,突破"我执",以学习心态看待他人优点。孔子说:"古之学者为己,今之学者为人。"[3] 强调人要善于学习,不断提升自己。儒家主张"内外兼修","内"即对自己的要求,讲求"自省";"外"则是在社会中的行为,实践"王道"。"内外兼修"的最终目的,是达到"内美"与"外美"的统一。

---

[1] 陈鼓应注译:《庄子今注今译》,中华书局 1983 年版,第 909 页。

[2] 梁启超编:《清代学术概论》,东方出版社 2012 年版,第 103 页有"中国学术,非如欧洲哲学专以爱智为动机,探索宇宙体相以为娱乐。其旨归在于内足以资修养而外足以经世,所谓'古人之全'者即此也"之说。

[3] 钱穆著:《论语新解》,生活·读书·新知三联书店 2002 年版,第 337 页。

（三）反求诸己

【原文呈现】 孟子曰："爱人不亲，反其仁；治人不治，反其智；礼人不答，反其敬——行有不得者皆反求诸己，其身正而天下归之。诗云：'永言配命，自求多福。'"

——选自杨伯峻《孟子译注》第167页

【大意试译】 孟子说："我爱别人，可是别人却不爱我，那就应反问自己的仁爱是否足够；我管理别人却不能够管理好，那就应反问自己的管理才智是否有问题；我礼貌待人却得不到别人相应的礼待，那就应反问自己对别人的尊敬做得够不够——凡是自己的行为得不到预期的效果，就应该反省自己了。自身行为端正了，天下的人自然就会归服。《诗经》说，'长久地与天命相配合，都得自己寻求'①。"

【思维评析】 孟子还说过："仁者如射：射者正己而后发；发而不中，不怨胜己者，反求诸己而已矣。"②与此意思相似。儒家强调自省、自制，从个人修养而言，尊重他人，严以律己，宽以待人，凡事多作自我批评，即孔子所说的"躬自厚而薄责于人，则远怨矣"③。从认识论来看，一个事情的结果往往由多重因素共同决定，其中有内因和外因，外因是变化的条件，内因是变化的根据，外因通过内因而起作用。从自身找原因，从身边事做起，做最好的自己，以自己影响他人，才是明智的选择。儒家、道家对待外部世界的态度虽明显不同，但都有值得汲取借鉴之处。

三　拓展阅读

（一）扼住命运的喉咙

【原文呈现】 我要扼住命运的喉咙；完全制服它，我还做不到。——啊！

---

① 《诗经·大雅·文王》中原文为：永言配命，自求多福。
② 杨伯峻译注：《孟子译注》，中华书局1960年版，第81页。
③ 钱穆著：《论语新解》，生活·读书·新知三联书店2002年版，第367页。

生活多好啊！我要生活上千次！①

【思维评析】处理自我与世界的关系，需要思考处于逆境时何以作为。古人说"人生不如意十之八九"，范仲淹提出"不以物喜，不以己悲"，强调的是改变自己的心态。但是，光有乐观心态还不够，还要有持续的行动，锻造坚韧的意志。正如苏轼所言："古之立大事者，不唯有超世之才，亦必有坚忍不拔之志。"② 唯其如此，方可实现"穷则独善其身，达则兼济天下"的愿望。傅雷教导儿子：不经过战斗的舍弃是虚伪的，不经历磨难的超脱是轻佻的。学习老庄思想，并非逃避困难，一味放弃，而是在看似无路可走的时候，尝试去发现新的视角，也许转身就能看到另一片天空。

（二）道德法则与灿烂星空

【原文呈现】有两样东西，我们愈经常愈持久地加以思索，它们就愈使心灵充满日新又新、有加无已的景仰和敬畏：在我之上的星空和居我心中的道德法则。③

【思维评析】康德的这一名言有多个译文版本，流传甚广。《荀子》言："天行有常，不为尧存，不为桀亡。"④ 自然界按照固有的规律运行，不以人的意志为转移。与浩渺的星空相比，人类是如此微小。人生短短数十载，必然伴随诸多外在和内在的变化，我们需要改变自己，顺应环境，有时甚至不得不做出妥协，但是总有一些东西是我们始终要坚守的，比如良知。当今社会，信息铺天盖地，生活节奏加快，充斥各种诱惑，我们应保持必要的坚守，在变与不变中寻求恰当的平衡。

思考与活动

【思考探究】

1. 老子"和光同尘""被褐怀玉"和庄子"外化而内不化"的思想，对你有何启发？

2. 《淮南子》中说："得道之士，外化而内不化，外化，所以入人（注：

---

① 贝多芬著，孟广钧译：《贝多芬书信选》，辽宁教育出版社2001年版，第18页。
② 孔凡礼点校：《苏轼文集》（第一册），中华书局1986年版，第107页。
③ ［德］康德著，韩水法译：《实践理性批判》，商务印书馆2003年版，第177页。
④ 安小兰译注：《荀子》，中华书局2007年版，第109页。

入人，与世人和谐）也，内不化，所以全其身也。故内有一定之操，而外能诎伸、赢缩、卷舒，与物推移，故万举而不陷。"① 其主张和庄子的思想是否一致？

3. 对儒家的"待贾（价）而沽""反求诸己""择善而从"三方面观点，你怎么理解？

【尝试阅读】

1. 朱光潜著：《把心磨成一面镜子》，中国轻工业出版社2017年版。

2. ［美］维克多·弗兰克尔著，吕娜译：《活出生命的意义》，华夏出版社2010年版。

3. 周国平著：《每个人都是一个宇宙》，湖南文艺出版社2016年版。

---

① ［西汉］刘安撰，谦德书院注译：《淮南子》（下），团结出版社2020年版，第717页。

第七课　美与丑

水草丰茂的沼泽地带，居住着一群白天鹅。它们羽毛雪白，姿态高雅，歌声嘹亮，获得周围人们的厚爱，白天鹅幸福而自豪。

一天，扑簌簌飞来几只黑天鹅。白天鹅群顿时出现了骚动，它们窃窃私语，一只生气地嘀咕："啊呀，那不是乌鸦的颜色吗？"另一只愤慨地表示，"黑得像木炭，太丢天鹅的脸了。"白天鹅们商量着如何驱赶黑天鹅，不再让它们在这一方露脸。

然而，闻讯赶来的人们见到黑天鹅无不欣喜若狂，赞不绝口："黑天鹅，黑天鹅，多稀罕的品种，见到你们真是大开眼界。"

白天鹅们开头是惊呆，继而是自卑，它们暗自叹息道："看来，人们十分看重黑天鹅，我们将一钱不值了。"

谁知，人们爽朗的话语清晰地传来："白天鹅，黑天鹅，黑白相间，交相辉映，大自然蕴含着的美，多么令人心驰神往呀！"

本课核心阅读选文内容链：①天地有大美—②美在自然—③无用即美—④各美其美—⑤美恶之辨—⑥大成若缺。

本课对比阅读选文内容链：①和为贵—②巧言令色—③美与善。

本课拓展阅读选文内容链：①美貌与灵魂—②请你暂停—③诗意栖居。

一　核心阅读

（一）天地有大美

【原文呈现】北冥有鱼，其名为鲲。鲲之大，不知其几千里也。化而为鸟，其名为鹏。鹏之背，不知其几千里也；怒而飞，其翼若垂天之云。是鸟也，海运则将徙于南冥。南冥者，天池也。

第七课　美与丑

《齐谐》者，志怪者也。《谐》之言曰："鹏之徙于南冥也，水击三千里，抟①扶摇而上者九万里。去以六月息者也。"野马也，尘埃也，生物之以息相吹也。天之苍苍，其正色邪？其远而无所至极邪？其视下也，亦若是则已矣。

——选自陈鼓应《庄子今注今译》第3页

【难点注释】①抟（tuán）：兼有拍、旋二义。

【大意试译】北海有一条鱼，它的名字叫作鲲。鲲的巨大，不知道有几千里，变化成为鸟，它的名字叫作鹏。鹏的背，不知道有几千里；奋起而飞，它的翅膀就像天边的云。这只鸟，海动风起时就迁往南海。那南海，就是一个天然大池。

《齐谐》这本书，是记载怪异之事的。《谐》书上说："当鹏迁往南海的时候，水花激起达到三千里，翼拍旋风而直上九万里高空。它是乘着六月大风而飞去的。"野马般的游气，飞扬的游尘，以及活动的生物被风吹拂而飘动。天色苍苍茫茫，那是它的本色吗？它的高远是没有穷极的吗？大鹏往下看，也就是这样的光景罢了。

【思维评析】《庄子》文中有姿态绰约、色彩斑斓的"真人""美人"群像，如藐姑射之山的神人，肌肤若冰雪，绰约如处子，而此片段中的鲲鹏之变，之所以让人觉得豪气干云，让人觉得胸怀为之一开，是因为有"大美"——崇高美、阳刚美。崇高美体现在鲲变为鹏，体现在鲲突破了先天基因的束缚，打破了命运的枷锁，体现在鲲要摆脱出生之地的束缚，也体现在大鹏具有的高远的志向。阳刚美体现在鲲鹏身上所具有的冲决一切、无所畏惧、高歌猛进、所向披靡的锐气。在浩大的时空内，在高远的距离上，美得以彰显。

（二）美在自然

【原文呈现】支离疏者，颐隐于脐，肩高于顶，会撮指天，五管在上，两髀①为胁。挫鍼②治繲③，足以糊口；鼓筴④播精，足以食十人。上征武士，则支离攘臂而游于其间；上有大役，则支离以有常疾不受功；上与病者粟，则受三钟与十束薪。夫支离其形者，犹足以养其身，终其天年，又况支离其德者乎！

——选自陈鼓应《庄子今注今译》第152页

【难点注释】①髀（bì）：大腿。②"鍼"：同"针"。③繲（jiè）：洗衣。④筴（cè）：小簸箕。

【大意试译】有一个叫支离疏（形体支离不全）的人，脸部隐藏在肚脐下，双肩高过头顶，颈后的发髻朝天，五官的出口也都向上，两条大腿和胸肋骨相并。他给人缝洗衣服，足够糊口度日；替人筛糠籭米，可养活十口人。政府征兵的时候，支离疏摇摆而游于其间；政府征夫的时候，支离疏因身有残疾而免除劳役；政府放赈救济贫病的时候，他可以领到三钟米和十捆柴。像支离疏那样形体残缺不全的人，还能够养活自己，终享天年，又何况那忘德的人呢！

【思维评析】在普通人看来，支离疏的面目无疑惨不忍睹，甚至如何生存都堪忧。但支离疏的生活与常人并无两样，他磨针替别人缝补衣服，足以养活自己；帮别人筛谷物赚来的钱，足以养活十口人。朝廷分派徭役之时，支离疏也因为身体残疾，可以不参加。朝廷给老弱病残发放粮食，支离疏能领到三钟米、十捆柴。支离疏身体残疾畸形固然是祸，但他却因祸得福，生命得以保全。庄子一方面极言支离疏的丑陋，一方面赞扬其"终其天年"，导致两者转化的原因则是"无材"，即"无用之用，是为大用"。

战国中后期，诸侯野心勃勃，残忍横暴，阴险狡诈，动辄互相争夺和残杀，使整个社会成了一个血淋淋的角斗场。庄子认为，生活在这样的人世间，不仅不可能做到"用之则行"，想要做到"舍之则藏"都很难。要远害全身，就非得使用非常手段，泯灭矜材用己、求功求名之心，做到虚己顺物，以不材为大才，以无用为大用。所以，常人眼中的丑却因为能够全生保生而具有了超越健全人的价值，又因为上天的赋予而具有特殊的美感。

（三）无用即美

【原文呈现】鲁哀公问于仲尼曰："卫有恶人焉，曰哀骀①它。丈夫与之处者，思而不能去也。妇人见之，请于父母曰'与为人妻，宁为夫子妾'者，十数而未止也。未尝有闻其唱者也，常和人而矣。无君人之位以济乎人之死，无聚禄以望人之腹。又以恶骇天下，和而不唱，知不出乎四域，且而雌雄合乎前。是必有异乎人者也。寡人召而观之，果以恶骇天下。与寡人处，不至以月数，而寡人有意乎其为人也；不至乎期年，而寡人信之。国无宰，寡人传国焉。闷然而后应。氾②然而若辞，寡人丑乎，卒授之国。无几何也，去寡人而行，寡人恤焉若有亡也，若无与乐是国也。是何人者也？"

——选自陈鼓应《庄子今注今译》第171页

【难点注释】①哀骀（tái）它：虚构的人物。②氾：同"泛"，无所系念的样子。

【大意试译】鲁哀公问孔子说："卫国有一个面貌丑陋的人，名叫哀骀它。

男人和他相处，想念他舍不得离开。女人见了他，请求父母说：'与其做别人的妻子，不如做这位先生的妾。'这样的女人不只有十几个。没有听到他倡导什么，只见他附和别人罢了。他没有权位去救济别人的灾难，也没有财物去养饱别人的肚子。而且又面貌丑陋使天下人看到都感到惊骇，他应和而不倡导，他的才智也不超出世人以外，然而妇人男子都亲附他。这必定有不同于常人之处。我召他来，果然见他面貌丑陋足以惊骇天下人。但是和我相处不到一个月，我就觉得他有过人之处；不到一年，我就很信任他。这时国内正没有宰相，我就把国事委托给他。他却淡淡然而无意应承，漫漫然而未加推辞。我觉得很惭愧，终于把国事交给了他。没过多久，他就离开我走了，我忧闷得很，好像失落了什么似的，好像国中再没有人可以共欢乐似的，他究竟是什么样的人呢？"

【思维评析】庄子借哀骀它这个面貌奇丑的人，意在探讨"形"与"神"的问题，进一步思考人类生存的根本问题。在庄子看来，儒家追求的人生理想，比如仁、义、礼、智、信等是"本末倒置"。因为人生和生命的意义，并不在于有用，更是在于无用。有些事物看似无用，但你能从这些"无用"之物里看到生活的光亮。

（四）各美其美

【原文呈现】啮缺问乎王倪曰："子知物之所同是乎？"

曰："吾恶乎知之！"

"子知子之所不知邪？"

曰："吾恶乎知之！"

"然则物无知邪？"

曰："吾恶乎知之！虽然尝试言之。庸讵①知吾所谓知之非不知邪？庸讵知吾所谓不知之非知邪？且吾尝试问乎女：民湿寝则腰疾偏死，鳅②然乎哉？木处则惴栗恂惧，猨猴然乎哉？三者孰知正处？民食刍豢，麋鹿食荐，蝍蛆③甘带，鸱④鸦嗜鼠，四者孰知正味？猨猵⑤狙以为雌，麋与鹿交，鳅与鱼游。毛嫱、西施，人之所美也；鱼见之深入，鸟见之高飞，麋鹿见之决骤。四者孰知天下之正色哉？自我观之，仁义之端，是非之涂，樊然殽乱，吾恶能知其辩！"

啮缺曰："子不知利害，则至人固不知利害乎？"

王倪曰："至人神矣！大泽焚而不能热，河汉冱⑥而不能寒，疾雷破山而

至美与大道
——《道德经》《庄子》精粹选读

不能伤、飘风振海而不能惊。若然者,乘云气,骑日月,而游乎四海之外。死生无变于己,而况利害之端乎!"

——选自陈鼓应《庄子今注今译》第89页

【难点注释】①庸讵(jù):怎么,哪里。②鳅(qiú):泥鳅。③蝍蛆(jíjū):蜈蚣。④鸱(chī):猫头鹰。⑤猵(biān):猿猴的一种。⑥冱(hù):冻结。

【大意试译】啮缺问王倪说:"先生知道万物有共同的标准吗?"

王倪说:"我怎么知道呢!"

啮缺又问:"先生知道您所不明白的东西吗?"

王倪说:"我怎么知道呢!"

啮缺再问:"那么万物就无法知道了吗?"

王倪说:"我怎么知道呢!尽管如此,姑且让我说说看。我怎么知道我所说的'知道'不是'不知道'呢?怎么知道我所说的'不知道'并不是'知道'呢?我且问您:人睡在潮湿的地方,就会患腰痛或半身不遂,泥鳅也会这样吗?人爬上高树就会惊惧不安,猿猴也会这样吗?这三种动物到底谁的生活习惯合标准呢?人吃肉类,麋鹿吃草,蜈蚣喜欢吃小蛇,猫头鹰和乌鸦却喜欢吃老鼠,这五种动物到底谁的口味才合标准呢?猵狙和雌猴作配偶,麋与鹿交合,泥鳅和鱼交欢。毛嫱和西施是世人认为最美的;但是鱼儿见了就要深入水底,鸟儿见了就要飞向高空,麋鹿见了就要急速奔跑,这五种动物究竟哪一种审美才算最高标准呢?依我看来,仁义的论点、是非的途径,纷然错乱,我哪里有法子加以分别呢?"

啮缺说:"你不顾利与害,那么至人也不顾利害吗?"

王倪说:"啊!至人神妙极了!山林焚烧而不能使他感到热,江河冻结而不会使他感到冷,雷霆震撼山岳而不能使他受到伤害,狂风激起海浪而不能使他感到惊恐。这样的至人驾着云气,骑着日月,而游于四海之外。生死的变化都对他没有影响,何况利害的观念呢?"

【思维评析】庄子命名颇有趣味:"啮缺"的意思是没牙;"倪"意为边际,王倪就是"亡倪",没有边界。庄子旨在通过这样的名字告诉人们,形体不全的人也可以修道,跨越边界,打破桎梏,即可得道。边界和桎梏喻指人的有限性,之后庄子借自然界不同物类对于"美丑"的反应,阐释了人类认知的有限性、美丑的相对性,并在结尾处塑造出身心完美的"神人"以寄托自己的理想。

（五）美恶之辨

【原文呈现】 天下皆知美之为美，斯恶已；皆知善之为善，斯不善已。

有无相生，难易相成，长短相形，高下相盈，音声相和，前后相随。

是以圣人处无为之事，行不言之教；万物作而不为始，生而不有，为而不恃，功成而弗居。夫唯弗居，是以不去。

——选自陈鼓应《老子今注今译》第80页

【大意试译】 天下都知道美之所以为美，丑的观念也就产生了；都知道善之所以为善，不善的观念也就产生了。

有和无互相生成，难和易互相促就，长和短互为显示，高和下互为呈现，音与声彼此应和，前和后连续相随。

所以有道的人以无为的态度来处理世事，实行不言的教导；万物兴起而不加干涉，生养万物而不据为己有，作育万物而不自恃己能；功成业就而不自我夸耀。正因他不自我夸耀，所以他的功绩不会泯没。

【思维评析】 从逻辑的角度来说，美恶之别就是肯定即否定的关系。若我们给美制定一个标准，那么其对立的标准就是丑的标准。所以，当我们试图给"美"下定义时，实际上也定义了"丑"，当我们定义善时也就等于定义了恶。但在老子看来，性质相对或内容相反的两组概念或事物之间存在着相互生成的关系。由这个前提不难推出：如果向百姓大讲仁义的道理，也就等于告诉百姓不仁不义的知识。因而老子得出结论，圣人之治，"处无为之事，行不言之教，生而不有，为而不恃，功成而不居"。

（六）大成若缺

【原文呈现】 大成若缺，其用不弊。

大盈若冲，其用不穷。

大直若屈，大巧若拙，大辩若讷。

躁胜寒，静胜热。清静为天下正。

——选自陈鼓应《老子今注今译》第243页

【大意试译】 最完满的东西好像有欠缺一样，但是它的作用是不会衰竭的。

最充盈的东西好像是空虚一样，但是它的作用是不会穷尽的。

最正直的东西好像是弯曲一样，最灵巧的东西好像是笨拙一样，最卓越的辩才好像是口讷一样。

疾动可以御寒，安静可以耐热。清静无为可以做人民的模范。

【思维评析】水满则溢，月盈则亏，绝对完美的事物在人世间并不存在。似乎最完满的东西，其实也有缺陷，但它的作用永远不会衰竭。因为老子所言之"大"，是以道观之，如果以世俗的眼光去看，那么就像有所缺陷，而"天道"超越了人的有限。

二 对比阅读

（一）和为贵

【原文呈现】有子曰："礼之用，和为贵。先王之道，斯为美，小大由之。有所不行。知和而和，不以礼节之，亦不可行也。"

——选自钱穆《论语新解》第 16 页

【大意试译】有子说："礼的适用，以和谐为贵。古代君主的治国方法，可宝贵的地方就在这里。小事大事，都重视以礼节来节限，却忽略'和'的精神，是不可行的；为了和谐而和谐，不能用礼来节制约束，也是不可行的。"

【思维评析】儒家以"周礼"为美。《说文解字》："礼，履也，所以事神致福也。"[1] 在春秋时代，"礼"泛指奴隶社会的典章制度和道德规范。孔子的"礼"，既指"周礼"，礼节、仪式，也指人们的道德规范。

（二）巧言令色

【原文呈现】子曰："巧言令色，鲜矣仁。"

——选自钱穆《论语新解》第 7 页

【大意试译】先生说："花言巧语，装出和颜悦色的样子，这种人的仁心就很少了。"

【思维评析】在孔子看来，一个人如果花言巧语、油嘴滑舌，表情极其丰富，这种人少有仁者。孔子不喜欢伶牙俐齿的人，或者说，孔子不喜欢那些矫

---

[1] [汉] 许慎撰：《说文解字》，中华书局影印 1963 年版，第 7 页。

揉造作之人。哺乳动物中，尤其是灵长类动物，比如人类表情的丰富性无可比拟。我们需要用丰富的表情传递各种各样的信息，用丰富的表情去表达情绪，这是其他任何动物都无法做到的。但有了这种独特性，随之出现了很多骗人的手段，人们可以用表情骗人，用语言骗人，用多样的表达和各种肢体语言骗人。这是我们应该警惕的。

（三）美与善

【原文呈现】子谓韶，"尽美矣，又尽善也。"谓武，"尽美矣，未尽善也。"

——选自钱穆《论语新解》第 74 页

【大意试译】孔子评价《韶》乐说："美极了，而且好极了。"评价《武》乐说："美极了，却还不够好。"

【思维评析】《韶》是舜时的乐曲名。《武》是周武王时乐曲名。从《左传·襄公二十九年》所记季札观乐来看，"美"不仅指音乐而言，也指内容而言，包括文辞的美。"善"可能指内容教化方面而言。舜的天子之位是由尧"禅让"而来，故孔子认为"尽善"；周武王的天子之位是由讨伐商纣而来，孔子便认为"未尽善"。这就表明在孔子的价值判断里，艺术的完美要服从于道德的完美。

三 拓展阅读

（一）美貌与灵魂

【原文呈现】造物主的手赋予你美貌，同时也给了你善心。有美貌而没有善心，那美貌也不会长久。[1]

【思维评析】美是多层次的，感官的美最肤浅，转瞬即逝。歌德曾经说过，外貌美只能取悦一时，内心美方能经久不衰。缺乏美德的美，犹如没有芳香的花。

---

[1] Jonathan Bate Eric Rasmussen 英文主编，辜正坤汉译主编，彭发胜译：《一报还一报》，外语教学与研究出版社 2016 年版，第 61 页。

（二）请你暂停

【原文呈现】 你真美呀，请你暂停![1]

【思维评析】 美，其实并非客观事物，也并非纯粹主观的存在，而是主客观融合时基于客观事物而创造的意象世界。歌德一方面强调了美的容易消失，不易把握，另一方面表达了对美的渴望。对普通人而言，要培养对美的敏感，即培养"发现美的眼睛"，也要增长美的知识，即阅读相关研究资料，来促进自己对美的思考，把握美的超功利特质。

（三）诗意栖居

【原文呈现】 天空总是美好的，
尤当其同具美德、快乐以及富有。
人应当仿效。
人或因生活艰辛而仰天发问，
我应该如此吗？是的。
只要心中纯洁的友谊长存，
人就不会不幸地失去神性。
上帝神秘莫测吗？
或者，他像天空一样朗朗。
我早就确信如此。
人的尺规亦如此。
人辛勤劳作，却诗意地安居在这大地上。
然而，星夜的暗影并不比人更纯净。
如果我这样说，
人即被称为神性的一个塑造。[2]

【思维评析】 诗意栖居，是历代人的共同向往。事实上，荷尔德林写这首诗的时候，贫病交加而居无定所，他凭着诗人的直觉与敏锐，呼吁人们直面工业文明带来的人的异化现象，寻找回归家园之路。

---

[1] ［德］歌德著，董问樵译：《浮士德》，复旦大学出版社1983年版，第667页。
[2] ［德］荷尔德林著，王佐良译：《荷尔德林诗集》，人民文学出版社2016年版，第514页。

栖居，指人的生存状态；诗意，指通过诗歌鉴赏和写作等审美活动获得心灵的自由；诗意栖居，则是寻找并回归人的精神家园。我们今天面临过度物质化、技术化和工具化对人的挤压等"人的异化"窘境——刻板化和碎片化成为人的生活常态，"人役于物"——庄子在他那个时代就已经感受到这种状况的发生，而当下人们感受尤为强烈，人的精神空间逼仄而不自由是所谓"异化"的典型特征。陶渊明、李白、苏轼、朱自清等都是在各自不同的"异化"窘境下，为寻找"诗意栖居"的精神自由而走出了属于自己独特的"回归家园"之路，给世人留下了可资借鉴的精神范本。

思考与活动

【思考探究】

1. 学习这一课后，你对美丑的认识有变化吗？你对美丑的基本认知有哪些？
2. 《庄子》文中所写的丑怪人物，如六位畸人等，你如何看待他们的美之所在？
3. 如果美丑是相对的观念，那么什么情况下同一个人对同一事物会发生从美到丑或者从丑到美的反转性判断？

【尝试阅读】

1. 李泽厚著：《美的历程》，生活·读书·新知三联书店2009年版。
2. 宗白华著：《美学的境界》，文化发展出版社2018年版。
3. 苏炜著：《听大雪落满耶鲁》，广西师范大学出版社2022年版。

第八课　生与死

　　道家先贤特别是庄子对人的生死谈论最多，理解也最深刻。

　　在他们看来，人和世间万物一样由无到有，自然产生，如四季轮回，生生不已；死亡不值得恐畏，相反，它是人生这枚硬币的一面，人生另一面就是"生"，故而，死亡应该被悦纳——直面它并接受它；不仅如此，死亡还应被超越——在"天人合一"的大幕上关照死亡，死亡不过是"气散"，是归化。人要"安化"——安于大化。

　　养生之道就是自然之道，要把握人的生命与物质供养等关系之间的"度"，最终取决于人内心的清静。

　　善死者可善生。"死生亦大矣"，说的是生的意义大于死，从正面肯定人生的价值；关注人生的另一面，充分理解死，人才活得更接地气、更有底气。

　　直面和悦纳生与死，善生而善死，善死而善生，合于大道。

　　本课核心阅读选文内容链：①生死自然事—②直面死亡—③超越死亡—④养生之道—⑤全生保身—⑥善始善终—⑦安时处顺—⑧自然之道。

　　本课对比阅读选文内容链：①未知生，焉知死—②生于忧患，死于安乐—③终始俱善。

　　本课拓展阅读选文内容链：①向死而生—②意志生生不息。

一　核心阅读

（一）生死自然事

　　【原文呈现】 泰初有无，无有无名；一之所起，有一而未形。物得以生，谓之德；未形者有分，且然无间，谓之命；留动而生物，物成生理，谓之形；形体保神，各有仪则，谓之性。性修反德，德至同于初。同乃虚，虚乃大。合喙鸣；喙鸣合，与天地为合。其合缗缗①，若愚若昏，是谓玄德，同乎大顺。

——选自陈鼓应《庄子今注今译》第 335 页

【难点注释】①缗缗（mín）：泯泯没有痕迹。

【大意试译】宇宙始原是"无"，没有"有"，也没有名称；（道的活动）呈现混一的状态，混一的状态远没有成形体。万物得到道而生成，便是"德"，没有成形体时却有阴阳之分，犹且流行无间称之为"命"；（道在）运动中稍时滞留便产生了物，万物生成具有各别样态，就称为"形"；形体保有精神，各有轨则，便称为"性"。性经修养再返于"德"，"德"同于太初。同于太初便虚豁，虚豁便包容广大。浑合无心之言；无心之言的浑合，便与天地融合。这种融合泯然无迹，如同质朴又如同昏昧，这就叫"玄德"，同于自然。

【思维评析】这里庄子首先解释他认为的生命源起："泰初"即是宇宙始源，物在未形的时候，没有间隙，是为一体，而一旦流动，也就有了停滞，便有了形，于是便产生了万物，万物各自有其性；而"性"——人的心性可以经过修养或修炼成为德性又回到与天地融合的太初的自然状态，也就是合于"道"的玄德境界。

（二）直面死亡

【原文呈现】生也死之徒，死也生之始，孰知其纪！人之生，气之聚也；聚则为生，散则为死。若死生为徒，吾又何患！故万物一也，是其所美者为神奇，其所恶者为臭腐；臭腐复化为神奇，神奇复化为臭腐。故曰："通天下一气耳。"圣人故贵一。

——选自陈鼓应《庄子今注今译》第 597 页

【大意试译】生是死的连续，死是生的开始，谁能知道它们的规律！人的出生，是气的聚积，气的聚积形成生命，气的离散便是死亡。如果死与生是相属的，对于死亡我又忧患什么呢？所以万物是一体的。这是把所称美的视为神奇，把所厌恶的视为臭腐；臭腐又化为神奇，神奇又化为臭腐。所以说："整个天下就是通于一气罢了。"所以圣人珍视无分别的同一。

【思维评析】这里我们重点关注庄子对于生死一体（如）的生命之环与"气"的关系。他认为气的聚积就构成了个体生命，也就是人的出生；而气的离散就是个体生命的消失，也就是人的死亡；因此个体生命就是由同质的"气"构成的。——这是庄子的生命观、生死观。

（三）超越死亡

【原文呈现】 庄子将死，弟子欲厚葬之。庄子曰："吾以天地为棺椁①，以日月为连璧，星辰为珠玑，万物为赍②送。吾葬具岂不备邪？何以加此！"弟子曰："吾恐乌鸢之食夫子也。"

庄子曰："在上为乌鸢食，在下为蝼蚁食，夺彼与此，何其偏也！"

以不平平，其平也不平；以不征征，其征也不征。明者唯为之使，神者征之。夫明之不胜神也久矣，而愚者恃其所见入于人，其功外也，不亦悲乎！

——选自陈鼓应《庄子今注今译》第903页

【难点注释】 ①椁（guǒ）：棺材外的套棺。②赍（jī）：送。

【大意试译】 庄子快要死的时候，弟子们打算厚葬他。庄子说："我用天地做棺椁，用日月做双璧，星辰做珠玑，万物做殉葬。我葬礼还不够吗？还有什么比这更好的呢！"弟子说："我们担忧乌鸦和老鹰啄食你呀！"

庄子说："露天让乌鸦和老鹰吃，土埋被蚂蚁吃，从乌鸦老鹰嘴里抢来给蚂蚁，为什么这样偏心呢！"

用不平均的方式来平均，这种平均还是不能平均；用不征验的东西来作征验，这种征验也不能算作征验。自以为明智的人只会被外物驱使，精神世界完全超脱于外物的人才会应合自然。自以为明智的人早就比不上精神世界完全超脱的人，可是愚昧的人还总是自恃偏见而沉溺于世俗和人事，他的效果是背离本意的，这不很可悲吗？

【思维评析】 用天地作棺椁，用日月作双璧，星辰作珠玑，万物来殉葬，是庄子理想的葬礼。这样的葬礼是宏大的、自然的，更是壮美的、至美的，是世俗世界所没有的最了不起的葬礼！

这样的葬礼是在庄子天人合一的宇宙观、生死一如的生死观、超越一切人生观之下的一场大美仪式！

（四）养生之道

【原文呈现】 开之曰："闻之夫子曰：'善养生者，若牧羊然，视其后者而鞭之。'"

威公曰："何谓也？"

田开之曰："鲁有单豹者，岩居而水饮，不与民共利，行年七十而犹有婴儿之色；不幸遇饿虎，饿虎杀而食之。有张毅者，高门县薄，无不趋也，行年四十而有内热之病以死。豹养其内而虎食其外，毅养其外而病攻其内，此二子者，皆不鞭其后者也。"

仲尼曰："无入而藏，无出而阳，柴立其中央。三者若得，其名必极。夫畏途者，十杀一人，则父子兄弟相戒也，必盛卒徒而后敢出焉，不亦知乎！人之所取畏者，衽①席之上，饮食之间；而不知为之戒者，过也！"

——选自陈鼓应《庄子今注今译》第 511 页

【难点注释】①衽（rèn）：睡觉用的席子。

【大意试译】田开之说："听先生说：'善于养生的，就像牧羊一样，看见落后的就挥鞭赶它。'"

威公说："这是什么意思呢？"

田开之说："鲁国有个名叫单豹的人，居住在岩洞之中，饮用山泉之水，不与人争利，到了七十岁还有婴儿的容色。不幸遇到饿虎，被饿虎吃掉了。有个叫张毅的，无论是大户、小户人家，没有不往来的，到了四十岁却得内热病死了。单豹调养内心却被老虎吃掉了他的形体，张毅供养形体却遭疾病侵袭其内部而致死，这两个人都不能弥补自己的不足。"

孔子说："不要太深入而潜藏，也不要太表露而显扬，要像柴木一般无心而立于动静之中。假如能做到这三点，可称为至人。要是路有劫贼，行人怯畏，十人中有一人被杀，于是父母兄弟便相互警戒，必定要成群结队才敢外出，不是也很聪明么！人所最该畏惧的，是在枕席之上，饮食之间；可是不知道要警戒，这是过错呀！"

【思维评析】庄子认为要实现养生的目的，首先要把人的生命与物质供养之间的关系把握在合适的度上，过贫或过厚，都会损伤生命的物质性。其次就是注重内在的虚静养神，由外及内，合于自然之道。《庄子》一书中所谓的孔子所言，要当作庄子的话来理解。这里借助牧羊的正面例子和两个反面例子来揭示真正善于养生的做法。最后，是不偏不倚，即摆脱偏见、立场、利益、情感和欲望等的影响，用客观公正的态度来对待天地万物。有了偏斜，就会有灾祸，而如果像苍天一般公平公正，就会"天长地久"。

（五）全生保身

【原文呈现】匠石之齐，至于曲辕，见栎①社树。其大蔽数千牛，絜之百围，其高临山，十仞而后有枝，其可以为舟者旁十数。观者如市，匠伯不顾，遂行不辍。弟子厌观之，走及匠石，曰："自吾执斧斤以随夫子，未尝见材如此其美也。先生不肯视，行不辍，何邪？"

曰："已矣，勿言之矣！散木也，以为舟则沈②，以为棺椁则速腐，以为器则速毁，以为门户则液樠③，以为柱则蠹。是不材之木也，无所可用，故能若是之寿。"

匠石归，栎社见梦曰："女将恶乎比予哉？若将比予于文木邪？夫柤④梨橘柚，果蓏⑤之属，实熟则剥，剥则辱；大枝折，小枝泄。此以其能苦其生者也，故不终其天年而中道夭，自掊击于世俗者也。物莫不若是。且予求无所可用久矣，几死，乃今得之，为予大用。使予也而有用，且得有此大也邪？且也若与予也皆物也，奈何哉其相物也？而几死之散人，又恶知散木！"

匠石觉而诊其梦。弟子曰："趣取无用，则无社何邪？"

曰："密！若无言！彼亦直寄焉，以为不知己者诟厉也。不为社者，且几有翦乎！且也彼其所保与众异，而以义喻之，不亦远乎！"

——选自陈鼓应《庄子今注今译》第145页

【难点注释】①栎（lì）：栎社树，以栎树为神社。②沈：同"沉"。③液樠（mán）：汁液渗出。④柤（zhā）：同"楂"。⑤果蓏（luǒ）：果，树木结的果实；蓏，蔓生植物结的果实。

【大意试译】有个名叫石的木匠去齐国，来到曲辕，看见一棵被世人当作社神的栎树。这棵栎树树冠大到可以为几千头牛遮阴，量一量树干足有百尺粗，树身高达山巅，离地面好几丈以上才生枝，可以造船的旁枝就有十余枝。观赏的人群像赶集似的涌来涌去，而这位匠人连瞧也不瞧一眼，直往前走。

他的徒弟站在树旁看了个够，追上匠人石说："自我拿起斧头跟随先生，从不曾见过这样大的树木。可是先生不肯看一眼，直往前走，为什么呢？"

匠人石回答说："算了罢，不要再说了！这是一棵没有用处的散木，用它做船定会很快沉没，用它做棺椁定会很快朽烂，用它做器具定会很快毁坏，用它做屋门定会流污浆，用它做屋柱定会被虫蛀蚀。这是不材之木。没有什么用处，所以它才能这么长寿。"

匠人石回到家里，梦见社树对他说："你将用什么东西跟我相比呢？把我和有用之木相比吗？那楂、梨、橘、柚果树之类，果实成熟就遭剥落，剥落后枝干也就会遭受扭折，大的枝干被折断，小的枝丫被拽下。这都是由于它们能结出鲜美果实才苦了自己的一生，所以常常不能终享天年而半途夭折，这都是显露有用招来了世俗人的打击。各种事物莫不如此。我寻求没有什么用处的地步已经很久很久了，几乎被砍死，到现在才保全住自己的性命，这正是我最大的用处。假如我有用，还能够长得这么大吗？而且你和我都是物，为什么要拿我去与文木类比呢？你不过是几近死亡的没有用处的人，又怎么会真正懂得没有用处的树木呢！"

匠人石醒来后把梦告诉给他的弟子。弟子说："它意在求取无用，为什么要做社树呢？"

匠人石说："停！你别说了！栎树也不过是寄托于社，反而招致不了解自己的人的訾议。如果它不做社树，岂不就遭到砍伐之害吗？况且它用来保全自己的办法与众不同，你只用常理来度量它，不是相去太远了吗！"

【思维评析】 这里庄子讲的是他的"全生保身"的生存哲学。所谓"全生"是指以生命本身为人生命活动的目标，人生存在就应该去维护生命的完整；"保身"是指社会生活中让自己不受社会的非理性伤害。庄子认为，事物的具体的有用性可以说是"用"，但不能算是"大用"，无用之用才是最大的用，有最大的价值。栎社树之所以能长得"其大蔽数千牛"，全在于无用，否则，它早就被人们砍掉了；"全生保身"的第一个层次，是要认识到"无用之用"是大用。人们都知道"有用之用"，却不知有用之物为人所用而不能自我保全；人莫知"无用之用"，无用之物因无用而可保全自身，这就是"无用之大用"。但是，光停留在无用之用这个层次，还不能完全做到"全生保身"，在进一步探求的基础上，庄子提出达到"全生保身"的第二个层次，即要处于"材与不材之间"。庄子认为，为人"全生保身"，既不能表现得完全有用，也不能表现得完全无用，而应该处于"材与不材之间"。

"全生保身"的最高境界是逍遥无为，它才是生命的最高价值和目的。此外，庄子还提到了"养亲"和"尽年"。"养亲"是指对自己身体健康的关注和照顾。"尽年"是指"全寿而归"。

（六）善始善终

【原文呈现】 夫藏舟于壑，藏山于泽，谓之固矣。然而夜半有力者负之而走，昧者不知也。藏小大有宜，犹有所遁。若夫藏天下于天下而不得所遁，是恒物之大情也。故圣人将游于物之所不得遁而皆存。善夭善老，善始善终，人犹效之，又况万物之所系，而一化之所待乎！

——选自陈鼓应《庄子今注今译》第196页

【大意试译】 把船儿藏在大山沟里，把山藏在深水里，可以说是十分牢靠了，但夜深人静时造化的大力士还是把它背走了，睡梦中的人还一点儿也不觉察，把小东西藏在大东西里是适宜的，但仍不免于亡失。假如把天下藏在天下，就不会丢失了，这就是万物的真实情形。所以圣人要游于不得亡失的境地而和大道共存。对于老少生死都善于安顺的人，大家尚且效法他，又何况那决定着万物的生成转化的道呢？

【思维评析】这是从人如何善生角度来理解死。如果一个人从来不曾出生，也就从来不曾死亡。但是，上天也好，大自然也好，大道也好，既然让我出生，也就意味着要让我度过，且是劳我一生然后离开。人生，真的如同一场被安排的旅途，走上了旅行的路，却忘记了来时的初衷。人生的意义何在？为何注定是我来此红尘走一遭？似乎有天命在身而我不曾觉察？似乎有使命在肩而我已然忽略？似乎有一件大事在等着我而我还未发现？所以，如果从可以不生却生的角度来看待生，就意味着必须去追寻生的意义，也就意味着一个人要找到自己的生命价值、生活意义，生在世间有别于其他人更有别于动物、禽兽的独特价值。当然，也因为是自己被命运安排来此红尘，所以应该感恩，应该感动，应该感激，应该将自己的生命看作一场奇迹，而尽情地受用和享受这天赐的机缘。

（七）安时处顺

【原文呈现】俄而子舆有病，子祀往问之。曰："伟哉夫造物者，将以予为此拘拘也！"曲偻发背，上有五管，颐隐于齐，肩高于顶，句赘指天。阴阳之气有沴①，其心闲而无事，跰𨇠②而鉴于井，曰："嗟乎！夫造物者又将以予为此拘拘也！"

子祀曰："女恶之乎？"

曰："亡，予何恶！浸假而化予之左臂以为鸡，予因以求时夜；浸假而化予之右臂以为弹，予因以求鸮炙③；浸假而化予之尻以为轮，以神为马，予因以乘之，岂更驾哉！且夫得者，时也，失者，顺也；安时而处顺，哀乐不能入也。此古之所谓县解也。而不能自解者，物有结之。且夫物不胜天久矣，吾又何恶焉！"

——选自陈鼓应《庄子今注今译》第207页

【难点注释】①沴（lì）：凌乱。②跰𨇠（piánxiān）：形容蹒跚的步子。③鸮炙（xiāozhì）：烤斑鸠。

【大意试译】不久子舆生了病，子祀去看他。子舆说："伟大啊！造物者，把我变成这样一个拘挛的人啊！"子舆腰弯驼背，五脏血管向上，面颊隐藏在肚脐下,肩膀高过头顶,颈后发髻朝天。阴阳二气错乱不和,可是他的心中闲适而若无其事,他蹒跚地来到井边照见自己的影子,说:"哎呀,造物者又把我变成这样一个拘挛的人啊!"

子祀说:"你嫌恶吗?"

子舆回答:"不,我为什么嫌恶!假使把我的左臂变成鸡,我就用它来报晓;假使把我的右臂变成弹弓,我就用它打斑鸠烤了吃;假使把我的尻骨变作车轮,把我的精神化为马,我就乘着它走,哪里还要另外的车马呢!再说人生命的获得,是因为适时,生命的丧失,是因为顺应;能安心适时而顺应变化的人,哀乐的情绪就不会侵入他的心中。这就是古来所说的解除束缚。那些不能自求解脱的人,是被外物束缚住的。人力不能胜天由来已久,我又有什么嫌恶的呢?"

【思维评析】"安时处顺"是庄子的生死观。对于死亡,子舆不是去嫌恶,认为人得生是适时,死去是顺应。对于生死变化,庄子认为既然这种变化不可避免,那就用安然的态度、"安化"观——安于变化的观点去处理,如此,也就与大化同流了。在《人间世》中有"知其不可奈何而安之若命,德之至也"[1]之说,与这里的"安化"观完全一致。

这种生死观显然与他的自然无为的宇宙观是一致的。

(八) 自然之道

【原文呈现】子列子问关尹曰:"至人潜行不窒,蹈火不热,行乎万物之上而不慄[1]。请问何以至于此?"

关尹曰:"是纯气之守也,非知巧果敢之列。居,予语女!凡有貌象声色者,皆物也,物与物何以相远?夫奚足以至乎先?是形色而已。则物之造乎不形而止乎无所化,夫得是而穷之者,物焉得而止焉!彼将处乎不淫之度,而藏乎无端之纪,游乎万物之所终始,壹其性,养其气,合其德,以通乎物之所造。夫若是者,其天守全,其神无郤,物奚自入焉!

夫醉者之坠车,虽疾不死。骨节与人同而犯害与人异,其神全也,乘亦不知也,坠亦不知也,死生惊惧不入乎其胸中,是故遌[2]物而不慴[3]。彼得全于酒而犹若是,而况得全于天乎?圣人藏于天,故莫之能伤也。"

——选自陈鼓应《庄子今注今译》第 503 页

---

[1] 陈鼓应注译:《庄子今注今译》,中华书局 1983 年版,第 136 页。

至美与大道
——《道德经》《庄子》精粹选读

【难点注释】①慄（lì）：畏惧。②迕（wǔ）：同"忤"，逆。③慴（zhé）：恐惧，害怕。

【大意试译】列子问关尹说："至人潜行水中不受阻碍，脚踩在烈火上不感觉炎热，行走在万物之上而不畏惧。请问为什么能这样呢？"

关尹说："这是保守纯和之气的缘故，并不是靠智巧、果敢之类所能做到的。坐下，我告诉你：凡是有形象声色的，都是物，物与物怎么会相差很远呢？同样是具有形色的东西，有些物怎么能达到未始有物之先的至虚境界呢？这些都是拘于色相之物罢了。而至人能达到不露形迹与永不变灭的境地，能达到这境界而穷理尽性的，外物怎能扰乱他呢！他要处于适当的尺度内，而藏心于循环变化的境地，神游于万物的根源，专一他的本性，涵养他的精气，融合他的德性，以通向自然。像这样的人，他的天性完备，他的精神凝聚，外物怎样侵入呢？

喝醉酒的人从车上坠下，虽然受伤却不会摔死。他的骨节与别人相同而受到的伤害却与人不同，这是由于他精神凝聚，乘车也不知道，坠下也不知道，死生惊惧进不了他的心中，所以触撞外物时并不惊惧。那个得全于酒的人都可以这样，何况是得全于自然之道的人呢？圣人含藏于自然，所以外物伤害不了他。"

【思维评析】所谓"至人无己"，人们经常会怀疑至人的真假。我们尝试从两个方面来理解。第一个方面，是将其当作真实的描写。达到极致状态的人，指的是无论身体机能，还是心灵潜能都开发到人类的极致的人；是精神旺盛而保全、身体强健而有活力，智慧深广而意志坚韧的人……如果联系古往今来一些将人类自身的能力和潜能开发到极致的人和现象，比如印度瑜伽修行者可以长久不饮食，比如肉身成佛的证据，比如佛陀道出一碗水中十万八千生命，比如苏格拉底、孔子、老子、爱因斯坦和霍金等人具有的深广的智慧，我们就明白了人类可以抵达的极限。所谓至人，如果从现实的角度来考量，就可以假设将所有人曾经达到的智慧层次、肉体开发层次、能力层次、意志层次等汇聚在一人之身，那么所谓的水火不侵似乎也就不难理解了。第二个方面，是从譬喻的角度来领悟。这是在强调心灵境界。当一个人修行到高深境界，就会感触到类似于宇宙意志的存在，就会触碰到类似于终极真理的存在，就会意识到大道。继续修行，也许就会达到合道境界——与道相合，也就是把握宇宙的底层逻辑，而能够与终极真理、宇宙意志、宇宙本源之类的东西共在。

第八课　生与死

二　对比阅读

（一）未知生，焉知死

【原文呈现】季路问事鬼神。子曰："未能事人，焉能事鬼？"曰："敢问死。"曰："未知生，焉知死。"

——选自钱穆《论语新解》第258页

【大意试译】子路问服事鬼神的方法。先生说："活人还服事不过来，怎能去服事死人？"子路又说："我冒昧地问一下，死是怎么回事？"先生说："生的道理还弄不明白，哪里知道死是怎么回事。"

【思维评析】孔子强调生相对于死更具可以把握的价值。对普通人而言，过于忧虑和思考死亡，对于生存和生活没有太大帮助，反而徒增烦恼。而对于哲人而言，对死亡的深刻理解还是要回到对生的把握上来。其实，对生命的价值和生活的意义的深刻理解和对死亡的本质以及死亡的恐惧的深刻洞察，是相互影响的。

（二）生于忧患，死于安乐

【原文呈现】孟子曰："舜发于畎亩之中，傅说举于版筑之间，胶鬲举于鱼盐之中，管夷吾举于士，孙叔敖举于海，百里奚举于市。故天将降大任于是人也，必先苦其心志，劳其筋骨，饿其体肤，空乏其身，行拂乱其所为，所以动心忍性，曾益其所不能。人恒过，然后能改；困于心，衡于虑，而后作；征于色，发于声，而后喻。入则无法家拂士，出则无敌国外患者，国恒亡。然后知生于忧患而死于安乐也。"

——选自杨伯峻《孟子译注》第298页

【大意试译】孟子说："舜从田间劳动中成长起来，傅说从筑墙的工作岗位上选拔出来，胶鬲从鱼盐的买卖之中选拔出来，管仲从囚犯的位置上提拔上来，孙叔敖在海边被发现，百里奚从市场上选拔出来。所以上天将要把重大使命降落到某人身上，一定要先使他的意志受到磨炼，使他的筋骨受到劳累，使他的身体忍饥挨饿，使他备受穷困之苦，做事总是不能顺利。这样来震动他的心志，坚韧他的性情，增长他的才能。人总是要经常犯错误，然后才能改正错误。心气郁结，殚思竭虑，然后才能奋发而创造；表现在脸色上，表达在声音中，然后才能被人了解。一个国家，国内没有守法的大臣和辅佐的贤士，国外没有敌对国家的忧患，往往容易亡国。由此可以知道，忧患使人生存，安逸享乐却足以使人败亡。"

【思维评析】从孔子的《论语》里，我们看到他把思考重心更多放在人的现世生活和事务上，对死亡避而不谈，这也许又是李泽厚所谓的"实用理性"①。孟子是继孔子之后的儒家代表性人物，他在此谈到死（败）亡时，也是和人世的功利和事业联系起来的，即主张在忧患和压力之下去实现人的生存和发展，而要警惕放任自由、放松自己而致使自己走向失败。这种把人置于压力之下的做法，就是要把自己置于不自然或不自由的境地，很显然与道家对于生死的态度大异其趣。

（三）终始俱善

【原文呈现】生，人之始也；死，人之终也；终始俱善，人道毕矣。

——选自安小兰译注《荀子》第 171 页

【大意试译】活着，是生命的开始；死亡，是人生的终结；生与死都能按照礼处理得十分妥当，人道就全了。

【思维评析】与前面孔孟不同，同属于儒家的荀子也把生死看作人生的必然或自然过程，这与道家类似。

三　拓展阅读

（一）向死而生

【原文呈现】只有自由的为死而在，才给亲在以绝对目标并将存在推入其

---

① 李泽厚在他的《美的历程》的"先秦理性精神"中有这样的表述："前者（编者注：以荀子为代表的儒家）艺术的人工制作和外在功利，后者（编者注：以庄子为代表的道家）突出的是自然，即美和艺术的独立。如果前者由于以狭隘实用的功利框架，经常造成对艺术和审美的束缚、损害和破坏；那么，后者则恰恰给予这种框架和束缚以强有力的冲击、解脱和否定。"

有限性中。①

【思维评析】海德格尔的表述晦涩艰深。简单来思考，第一，时间可以理解成客观的存在吗？在普通人的理解里，是有客观的时间的。但是从时间的定义来追溯，就会发现，所谓的时间是从物体运动的角度规定的。而如果考虑到相对论，就会发现时间是可以被扭曲和变形的。第二，时间对个人的价值何在呢？必须承认主观时间对个体更具有价值。快乐的时间匆匆，而痛苦的时间漫长，这就是典型的主观时间的感受。生死，从本质上讲是一种时间感受。所以，对时间的快慢、本质的思考有助于对生死的理解。

（二）意志生生不息

【原文呈现】人类生老病死，意志生生不息。②

【思维评析】叔本华的这句话可以把前后半句分开来理解，前半句讲了一个基本事实：每一个人都面临着生、老、病、死这样一个共同的生命过程，人类也就在这样的生命循环中代代不已。

后半句才是这句话的重心所在：人作为价值性或主观性存在，面对生、老、病、死等，特别是死亡，他所显示出的人之为人的意志力——也是其最本质的力量。反思人自身，他有多种力量，比如最常见的知、情、意这种划分，知是他的认知力，包括观察、记忆、理解、联想、想象、分析、综合等，反思力作为一种特别的认知力也在此列，拿通常的话讲就是人的智力，其功能主要指向求真，它是人类的宝贵的潜能；情、意就是人的情感力和意志力，传统说法是人的非智力系统，也是人的动力系统，打个比方，情感力和意志力合一就像燃油型车的动力源整体，情感力是燃料，意志力是缸体，燃料固然不可或缺，但缸体则把情感力燃料所产生的力量控制在可用、持久的尺度内，因此意志力是作为理性生物的人的理性本质存在的。

孔子说："未知生，焉知死。"③ 以死作为生的对照，把关注点放在生上，老庄视生死为一，主要用混同和超然的态度对待生死。"哲学就是在练习死

---

① 全增嘏主编：《西方哲学史》（下），上海人民出版社1988年版，第782页。
② ［德］叔本华著，金铃译：《爱与生的苦恼》，金城出版社2018年版，第143页表述为："意识与死亡同时消失，但产生及维持意识的物质并未消失；生命虽已逝去，但表现于其中的生命原理并未消失。它就是永恒不灭的意志，人类一切形而上的不灭的永恒的东西皆存在于意志之中。"
③ 钱穆著：《论语新解》，生活·读书·新知三联书店2002年版，第258页。

亡"①，苏格拉底把接受死亡作为哲学的目的。塞涅卡说，生命重要的不在于有多长，而是有多好。因此，智者活到他应活的长度，而非他能够活到的岁数。死亡并不是生命的终点，而是荣耀的句号。

思考与活动

【思考探究】

1. 生死问题是中外哲学文学史上永恒的话题，生命的意义是上天注定的，还是人后天追寻的？

2. 要消除对死亡的恐惧，人们可以凭借理性的力量、情感的力量和无畏的勇气等，但人们为什么会对死亡充满恐惧呢？

3. 结合写景抒情散文如《故都的秋》《我与地坛》等中的"沉沦"与"超越"，谈谈你对向死而生的理解。

【尝试阅读】

1. 饶贵民著：《人生三论》，人民出版社2010年版。

2. ［美］马丁·塞利格曼著，洪兰译：《真实的幸福》，万卷出版公司2010年版。

3. ［德］埃克哈特·托利著，曹植译：《当下的力量》，中信出版社2009年版。

---

① 全增嘏主编：《西方哲学史》（上），上海人民出版社1988年版，第122页。

第九课　天道与人道

老庄的世界是诗意的世界。

世间万物林林总总，应运而生，适性而长，各美其美。春夏秋冬，四时交替，周而复始。人类只是生物大家庭的一员，其独特处在于人类智慧——这把双刃剑，人类仰仗它走出洪荒，走过进化与文明，特别是近代工业文明，现当代信息化、智能化的文明，人类享有着丰富无比的物质成果和随心所欲的技术便利，人似乎无所不能了。同时，我们发现人心的逼仄和孤独，人与人之间的隔离……物质上的富有与心灵贫瘠、技术上的便利与人自身的被束缚，成为当下人的生活常态。

老庄告诉我们：人虽有智巧而不能滥施，要斩断利欲之缰，收却名相之锁，与物齐平，无功无名而无己，天人相分且合一，人道即天道，自然无为，世界大同，小国寡民，各美其美，其乐陶陶！

本课核心阅读选文内容链：①自然之美—②人法自然—③天人相分—④天道·人道—⑤尊重个性—⑥复归于朴—⑦机械·机事·机心—⑧圣人·全人·天人。

本课对比阅读选文内容链：①绘事后素—②规矩方圆—③充实谓美—④化性起伪—⑤人众者胜天。

本课拓展阅读选文内容链：①自然与人互利共进—②人为自然立法。

一　核心阅读

（一）自然之美

【原文呈现】天地有大美而不言，四时有明法而不议，万物有成理而不说。圣人者，原天地之美而达万物之理，是故至人无为，大圣不作，观于天地之谓也。

合彼神明至精，与彼百化，物已死生方圆，莫知其根也，扁然而万物自古以固存。六合为巨，未离其内；秋毫为小，待之成体。天下莫不沈浮①，终身不故；阴阳四时运行，各得其序。惛然②若亡而存，油然不形而神，万物畜而不知。此之谓本根，可以观于天矣。

——选自陈鼓应《庄子今注今译》第601页

【难点注释】①沈浮：沈，通"沉"，升降，事物的变化。②惛（hūn）然：恍惚幽昧的样子。

【大意试译】天地有大美却不言语，四时有分明的规律却不议论，万物有生成的条理却不说话。圣人推原天地的大美而通达万物的道理，所以至人顺其自然，大圣不妄自造作，这是说取法于天地的缘故。

天地灵妙精纯，参与事物的千变万化，万物的或生或死或圆或方，没有谁知道它的本根，万物蓬勃生长，自古以来就存在着。六合是巨大的，却超不出它的范围；秋毫是渺小的，却依恃它才成形体。天下万物没有不浮沉变化的，它们不会一直是固定的，阴阳四时的运行各有自己的顺序。（大道）茫昧的样子仿佛不存在却是存在的，自然产生不见形迹而有神妙的作用，万物受养育而不自知。这就称为本根，（知道这个道理）就可以观察天道了。

【思维评析】"天地"，就是庄子用来称呼大自然的说法。在他的眼里大自然是"大美"的，在于其灵妙精纯、自然而然、至大无边、至微至纤，更为重要的是，它养育万物而不现形迹。

（二）人法自然

【原文呈现】故西施病心而颦其里，其里之丑人见之而美之，归亦捧心而颦其里。其里之富人见之，坚闭门而不出，贫人见之，挈①妻子而去走。彼知颦美，而不知颦之所以美。惜乎，而夫子其穷哉！

——选自陈鼓应《庄子今注今译》第403页

【难点注释】①挈（qiè）：牵，拉。

【大意试译】西施心病，在村里皱着眉头，邻里的丑女看到觉得很美，回去也在村里捂着胸口皱着眉头。村里的富人看见，紧闭着门而不出来；穷人看见，带着妻儿子女跑开了。那个丑女只知道皱眉头的美，却不知道皱眉头为什么美。可惜啊！先生你的道行不通了！

【思维评析】"东施效颦"的故事我们都很熟悉。西施是中国古代四大美人之一，"沉鱼落雁"与"闭月羞花"两个成语就是形容这四位美人之美，而"沉鱼"则专指西施之美，它来源于西施浣纱的故事。据说西施在越国浦阳江边浣纱，水中游鱼见到她的美貌，被惊艳得沉入江底。这样的美人生了病皱着眉头，看上去都是美的。可见她真是美到极致了。西施之所以美到这样的极致，在于她本身是西施，是美人胚子，是美神。而这是东施所不具备的，也不懂得的。

（三）天人相分

【原文呈现】未欲免为形者，莫如弃世。弃世则无累，无累则正平，正平则与彼更生，更生则几矣。事奚足弃而生奚足遗？弃世则形不劳，遗生则精不亏。夫形全精复，与天为一。天地者，万物之父母也，合则成体，散则成始。形精不亏，是谓能移；精而又精，反以相天。

——选自陈鼓应《庄子今注今译》第 500 页

【大意试译】想要免于为形体劳累，便不如舍弃俗世。舍弃俗世便没有拖累，没有拖累就心正气平，心正气平就和自然共同变化更新，和自然共同变化更新就接近道了。世俗为什么须舍弃，生命为什么须遗忘？舍弃俗事形体就不劳累，遗忘生命中的事务精神就不亏损。形体健全，精神充足，便和自然合而为一。天和地是产生万物的根源，（阴阳二气）相合便形成物体，离散便成为另一物体结合的开始。形体精神不亏损，就是能随自然变化而更新；精而又精，返回过来辅助自然。

【思维评析】庄子在这里主张"天人相分"，就是主动舍弃俗世的牵累，这样就心正气平，就与自然同频共振了，也就达到"天道"的境界了。他还解释了为什么要舍弃俗世，使"天人相分"，理由也无外乎与自然同频共振，顺乎自然而已。

（四）天道·人道

【原文呈现】天之道，其犹张弓与？高者抑之，下者举之；有余者损之，不足者补之。

天之道，损有余而补不足。人之道，则不然，损不足以奉有余。

孰能有余以奉天下？唯有道者。

是以圣人为而不恃，功成而不处，其不欲见贤。

——选自陈鼓应《老子今注今译》第 336 页

【大意试译】自然的规律，岂不就像拉开弓弦一样吗？弦位高了，就把它压低，弦位低了就把它升高；有余的加以减少，不足的加以补充。

自然的道，减少有余，用来补充不足。人世的行为法则，就不是这样，却要剥夺不足，而用来供奉有余的人。

谁能够把有余的拿来供给天下不足的？这只有有道的人才能做到。

因此有道的人化育万物而不自恃己能，有所成就而不以功自居，他不想表现自己的聪明才智。

【思维评析】这一部分老子把人道与天道放到一起来对比，看出天道优于人道，由此他进一步主张向"有道者"或"圣人"学习，以人道就天道——不恃能，不居功，不现智。老子之所以有这样的人生智慧和治世智慧，是他对所处的剧烈变动和贫富对比鲜明的时代环境所做出的合理反应。这一智慧对于我们当下创建和谐社会以及人类命运共同体富有启发意义和价值。

（五）尊重个性

【原文呈现】彼至正者，不失其性命之情。故合者不为骈，而枝者不为歧；长者不为有余，短者不为不足。是故凫胫虽短，续之则忧；鹤胫虽长，断之则悲。故性长非所断，性短非所续，无所去忧也。意仁义其非人情乎！彼仁人何其多忧也？

——选自陈鼓应《庄子今注今译》第 257 页

【大意试译】那些合于事物本然实况的，不违失性命的真情。所以结合的并不是骈联，分枝的并不是有余，长的并不是多余，短的并不是不足。所以野鸭的腿虽然短，接上一段便造成痛苦；野鹤的腿虽然长，切去一节便造成了悲哀。所以原本是长的却不能切断，原本是短的却不必接长，没有什么可忧虑的。唉！仁义难道不合于人情吗？那帮仁人为什么这样多忧呢？

【思维评析】"尺有所短，寸有所长；物有所不足，智有所不明"[1] 说的是，尺虽然比寸长，但和更长的东西相比，就显得短，寸虽然比尺短，但与更短的东西比，就显得长了；任何东西都有它的不足之处，再聪明的人也有不明白的时候。这可以给庄子这段话做解释，它们的底层逻辑是自然。世间没有相同树叶，但万事万物和各不相同的人又都有本然之性——自然本性，不必求全责备、取长补短，而应扬长避短，违逆这一点，便自讨苦吃。

---

[1] 黄寿祺、梅桐生译注：《楚辞全译》，贵州人民出版社 1984 年版，第 133 页。

（六）复归于朴

【原文呈现】知其雄，守其雌，为天下豀。为天下豀，常德不离，复归于婴儿。

知其白，守其黑，为天下式。为天下式，常德不忒，复归于无极。

知其荣，守其辱，为天下谷。为天下谷，常德乃足，复归于朴。

朴散则为器，圣人用之，则为官长，故大制不割。

——选自陈鼓应《老子今注今译》第183页

【大意试译】深知雄强，却安于守雌柔，作为天下所遵循的蹊径。作为天下所遵循的蹊径，常德就不会离失，而回复到婴儿的状态。

深知明亮，却安于暗昧，甘愿成为天下的范式。甘愿做天下的范式，常德就不会出差错，而回复到真朴的状态。

深知什么是荣耀，却安守卑辱，作为天下的川谷。作为天下的川谷，常德才可以充足，而回复到真朴的状态。

真朴的道分散成万物，有道的人沿用真朴，则为百官的首长。所以完善的政治是不割裂的。

【思维评析】素、朴、婴儿和赤子等都是老子对人性的隐喻，他用这些隐喻来表示事物的自然状态或本来面目。老子认为，人要修炼出一种"常德"或德性，具体表现为素、朴、婴儿和赤子这些状态，而且认为这些本来就是人所具有的，只是它们被"人工"加工成"器"而散失掉了，因此我们要做的就是"复归"人的自然之性——"复归于婴儿""复归于朴"。

（七）机械·机事·机心

【原文呈现】子贡南游于楚，反于晋，过汉阴，见一丈人方将为圃畦，凿隧而入井，抱瓮而出灌，搰搰[1]然用力甚多而见功寡。子贡曰："有械于此，一日浸百畦，用力甚寡而见功多，夫子不欲乎？"

为圃者仰而视之曰："奈何？"曰："凿木为机，后重前轻，挈水若抽；数如泆汤，其名为槔[2]。"为圃者忿然作色而笑曰："吾闻之吾师，有机械者必有机事，有机事者必有机心。机心存于胸中，则纯白不备；纯白不备，则神生不定；神生不定者，道之所不载也。吾非不知，羞而不为也。"

至美与大道
——《道德经》《庄子》精粹选读

子贡瞒然惭，俯而不对。

——选自陈鼓应《庄子今注今译》第344页

【难点注释】①搰搰（kū）：用力的样子。②槔（gāo）：桔槔，一种井上汲水的工具。

【大意试译】子贡往南边到楚国游历，回到晋国，经过汉阴，看见一个老人在菜园的畦间种菜，挖水沟通到井中，抱着瓮取水来灌溉，水汩汩地流入畦中。子贡说："这里有一种机械，一天浇灌一百畦田，用力很少而见效多，先生愿意用吗？"

灌园的抬头看看他说："用什么办法呢？"子贡说："凿木为机械，后重前轻，提水如同抽引，快速如同沸汤涌溢，名叫桔槔。"灌园的面起怒色晒笑说："我听我的老师说，有机巧一类的机械必有机巧的事，有机巧的事必定有机心。机心存于胸中，便不能保全纯洁的空明；不能保全纯洁的空明，便心神不定；心神不定，便不能载道。我不是不知道，而是感到羞辱所以才不愿那样做。"

子贡羞愧满面，低头不答话。

【思维评析】这个"灌园叟"是老庄哲学的代言人，他坚决反对"机械"一类能成倍提高工作效率的工具和技术，因为有了"机械"就会干机巧的事，制造机械以及由此干出的机巧的事，根本上是受机心支配的，而机心恰恰与纯洁的、空明的道心相对立和冲突。换句话说，一旦被充满欲望和智巧的机心控制，人就会心神不定，心神不定就道心丧失，这意味着道家的底线被突破，当然会遭到严正拒绝。

（八）圣人·全人·天人

【原文呈现】羿工乎中微而拙乎使人无己誉。圣人工乎天而拙乎人。夫工乎天而俍①乎人者，唯全人能之。唯虫能虫，唯虫能天。全人恶天？恶人之天？而况吾天乎人乎！

——选自陈鼓应《庄子今注今译》第662页

一雀适羿，羿必得之，威也；以天下为之笼，则雀无所逃。是故汤以庖人笼伊尹，秦穆公以五羊之皮笼百里奚。是故非以其所好笼之而可得者，无有也。

——选自陈鼓应《庄子今注今译》第664页

【难点注释】①俍（liáng）：善。

【大意试译】羿这个人巧于射中微细之物而拙于使人不称誉自己。圣人善于契合天然而拙于应合人为。善于契合天然而又善于应合人为的，只有全人才能做到。只有鸟兽才能安于为鸟兽，只有鸟兽才能契合天然。全人哪里知道天然？哪里知道人为的天然？何况用自我的尺度来分别自然和人为呢！

一只麻雀飞向羿，羿一定射中它，这是他的威力；要是把天下当作笼子，麻雀就无处逃脱了。所以汤以庖人来笼络伊尹，秦穆公以五张羊皮笼络百里奚。所以如果不利用他的所好而能笼络得住，那是不可能的。

【思维评析】无功、无名、无己，是庄子在《逍遥游》中对于人的心性修养三重境界的描述，"无功"指向个体对社会的关系。"无名"指向社会对个体的关系，"无己"指向个体与自身的关系。在这两段文字里，"圣人"契合天然而拙于应合人为，斩断了个体与社会的关系，是"无功"之人。羿使人不称誉自己，不仅斩断了个体对社会的功利关系，而且也断绝了社会对个体的关系，属于既"无功"又"无名"的人，他把整个天下当作"笼子"，这是超越一般世俗功利的"天人"的作为。"全人"兼顾人为和天然。

对比之下，在圣人、全人和羿三者之中，庄子主张"天人"羿之所为。

二　对比阅读

（一）绘事后素

【原文呈现】子夏问曰："'巧笑倩兮，美目盼兮，素以为绚兮。'何谓也？"子曰："绘事后素。"曰："礼后乎？"子曰："起予者商也，始可与言诗已矣。"

——选自钱穆《论语新解》第 55 页

【大意试译】子夏问道："'动人的表情笑靥如花可真美，好看的眼睛黑白分明顾盼生辉，姣美的脸庞上淡妆轻抹神采飞扬。'这几句诗是什么意思呢？"孔子说："绘画的时候，上色之前要先施以底色。"子夏说："这么说礼仪是在有了忠信仁德的本质之后吗？"孔子说："卜商啊，你启发了我，现在可以开始和你谈论《诗经》了。"

【思维评析】我们重点关注"绘事后素"四个字，它讲绘画是在"素"的基础上点染着色的，与之类似的是，表现于外的礼仪等是以忠信仁德之类作为内在基础或本质依托的。因此，我们可以自然而然得出结论，人的本然之性——人性是一切教化的最基本依据；反之，则可能因为丧失基础而弄巧成拙、适得其反。可见，儒道两家认知的底层逻辑又出现了惊人的一致。

（二）规矩方圆

【原文呈现】 离娄之明、公输子之巧，不以规矩，不能成方圆。

——选自杨伯峻《孟子译注》第162页

【大意试译】 即使有离娄的目力，公输般的技巧，如果不用圆规和曲尺，也不能正确地画出方形和圆形。

【思维评析】 孟子在此强调"方圆""规矩"，就是强调人为的规范的重要性，这与道家所倡导的顺乎自然的"天道"形成鲜明对比。

（三）充实谓美

【原文呈现】 可欲之谓善，有诸己之谓信，充实之谓美，充实而有光辉之谓大，大而化之之谓圣，圣而不可知之之谓神。

——选自杨伯峻《孟子译注》第334页

【大意试译】 人值得喜欢便叫作好；那些好处实际存在于他本身便叫实在；那些好处充满于他本身便叫"美"；不但充满，而且光辉地表达出来便叫"大"；既光辉地表达出来，又融化贯通，便叫"圣"；圣德到了神妙不可测度的境界便叫"神"。

【思维评析】 孟子的"充实之谓美"与老子的以"致虚极，守静笃"为特征的对"冲虚"之道的追求恰成对照。

（四）化性起伪

【原文呈现】 故圣人化性而起伪，伪起而生礼义，礼义生而制法度。然则礼义法度者，是圣人之所生也。故圣人之所以同于众，其不异于众者，性也；所以异而过众者，伪也。

——选自安小兰译注《荀子》第272页

【大意试译】 圣人改变了人的本性而兴起了人为的努力，作出人为的努力后就产生了礼义，礼义产生后就制定了法度。所以礼义法度这些东西便是圣人所创制的了。因此，圣人和众人相同，而超乎一般人的地方，就是天性；与一般人不同，而超乎一般人的地方，就是人为。

【思维评析】"化性起伪"是荀子有关人性的重要观点。以此为基础,荀子认为真正美的东西必须经过人为的加工、修饰才能完成。"全"和"粹"是要经过学习而方能达成的。它为儒家强调"人为"的价值观念,提供了哲学基础。

(五) 人众者胜天

【原文呈现】吾闻之,人众者胜天,天定亦能破人。①

【大意试译】我听说,聚集众人的力量,可以战胜大自然,大自然降怒也能毁灭人。

【思维评析】"人众者胜天"既可理解为战胜与人类社会对应的对象世界——客观、实体的自然界,也可理解成对包括人在内的世间万事万物的自然本性的违逆,不管从哪个意义上讲,我们都只能肯定其对人的主体性或主观能动的张扬和强调这一面,而不可把它绝对化,认为人是物理世界的自然界的主宰,可以任由人来支配或掌控自然,这样的话人必然会遭受自然的报复和反噬。同样,违逆人自身或世间万物的本性,逆天行事,也没有好结果。在人类历史上这两方面的负面事实的教训不可谓不惨痛。

三 拓展阅读

(一) 自然与人互利共进

【原文呈现】但是我们不要过分陶醉于我们人类对自然界的胜利。对于每一次这样的胜利,自然界都对我们进行报复。每一次胜利,起初确实取得了我们预期的结果,但是往后和再往后却发生完全不同的、出乎预料的影响,常常把最初的结果又消除了。②

【思维评析】恩格斯这段话的自然界是指与人类社会相对应的物理世界或对象世界。在他看来,人类利用自己的智慧和力量,是可以从自然界获取自身

---

① [汉]司马迁撰:《史记》(第七册),中华书局 1959 年版,第 2176 页。
② [德]弗·恩格斯著,中共中央马克思恩格斯列宁斯大林著作编译局编译:《自然辩证法》,《马克思恩格斯选集(第三卷)》,人民出版社 2012 年版,第 998 页。

所需要的东西的——获得所谓"胜利",但这种"胜利"往往会放大人的欲望和功利需求,一次又一次推动人使用智能和技术向自然索取,而这种索取通常会超越前一次的界线和目标,这就势必最终伤害大自然而使之不可持续——这就是"把第一个结果又取消了"的可悲结局。

如何避免这种悲剧发生?我们认为参照老庄的思路——人类首先要消除把自然当作征服对象的思想而将之作为一个有自身生长规律的对象来尊重,人类与自然应各美其美,自然与人类和谐共进。

(二)人为自然立法

【原文呈现】理智的(先天)法则不是理智从自然界得来的,而是理智给自然界规定的,这话初看起来当然会令人奇怪,然而却是千真万确的。[①]

【思维评析】和老庄所说自然不同于大自然一样,康德所说的"自然"是指人的认识能力所认识的对象——"自然",他认为世界是人根据自己的认识条件所认识的世界。而"立法"则指进入人的视野的认知对象或他所认识到的结果,并不是对象的本来面目或真实状况,而是着上了人的主观色彩。因此,确切地说,是人的知性为认知对象(自然)立法,换言之,是人根据自己的知性认识了这个世界。与之类似,中华民族的先贤也有类似思考和表达,老庄的"道"和《中庸》"合内外之道"[②]的"道"就类似于康德的认知对象"自然",王阳明说的"无心外之理,无心外之物"[③],其"理"和"物"更接近康德的"自然",而之所以"无理""无物",正源于"心"——主观认知难以抵达对象的本真面貌。

中西方先哲有关人的主观认知难以抵达认知对象的本真面貌,或者说,人的认知结果是认知主体视域下的认知结果。这一判断启示我们:人的认知能力和水平是有限的,不可能百分百获取认知对象的所谓的"真实的""本来的"情况。同时,我们有必要不断提升自己的认识能力和水平,这里有无限空间。

[①] [德]康德著,庞景仁译:《任何一种能够作为科学出现的未来形而上学导论》,商务印书馆2017年版,第92页。
[②] 王国轩注译:《大学·中庸》,中华书局2006年版,第112页。
[③] [明]王阳明著,叶圣陶点校:《传习录》,九州出版社2018年版,第12页。

第九课　天道与人道

思考与活动

【思考探究】

1. 道家观念里的"天""地""人""道"各自的意涵是什么？四者相互关系如何？

2. "天人相分""天人合一"是道家的两个核心判断，你怎么理解？时至当下，这些观念有何价值？

3. "自然无为"的意涵是什么？你如何看待"人定胜天"的说法？

【尝试阅读】

1. 韦政通著：《中国的智慧》，吉林出版集团有限责任公司2009年版。

2. ［奥］茨威格著，高中甫、潘子立译：《人类群星闪耀时》，江苏凤凰文艺出版社2019年版。

3. ［英］亨利·索尔特著，贾辰阳、王锦丽译：《瓦尔登湖的隐士·梭罗传》，北京大学出版社2021年版。

4. ［美］梭罗著，王义国译：《瓦尔登湖》，中国文联出版社2015年版。

第十课　自由与超越

　　自由是人们都向往的，从古到今，无论东方西方，人们都把它视为人生梦想，接续奋斗，代代不已。自由又不是自然而然无条件生成的，跨越人生迷障是走向自由的必经之路。

　　中华民族历史上，以老子、庄子为代表的道家和以孔子、孟子为代表的儒家在各自的自由观念之下，用自身的超越方式践行了他们的理念。在庄子的"持竿而不顾""鼓盆而歌"等故事里和老子、孔子的智言慧语中，我们都能真切感受到自由与超越思想的存在。

　　西方人有关自由与超越的论述，不止于只言片语，更有皇皇巨著。进入东西方的智慧之门，对于自由与超越的理解将更为真切。

　　本课核心阅读选文内容链：①"三无"之境—②无名—③警惕富贵和欲望—④无己—⑤无情—⑥忘礼乐—⑦忘形—⑧同德天放—⑨突破思维框架。

　　本课对比阅读选文内容链：①三达德·三不朽—②学而时习—③不可割舍—④有限超越。

　　本课拓展阅读选文内容链：①自由之梦—②情感之缰。

一　核心阅读

（一）"三无"之境

　　【原文呈现】故夫知效一官，行比一乡，德合一君而征一国者，其自视也亦若此矣。而宋荣子犹然[①]笑之。且举世而誉之而不加劝，举世而非之而不加沮，定乎内外之分，辩乎荣辱之境，斯已矣。彼其于世未数数然也。虽然，犹有未树也。夫列子御风而行，泠然[②]善也，旬有五日而后反。彼于致福者，未数数然也。此虽免乎行，犹有所待者也。

若夫乘天地之正，而御六气之辩，以游无穷者，彼且恶乎待哉！

故曰，至人无己，神人无功，圣人无名。

——选自陈鼓应《庄子今注今译》第 18 页

【难点注释】①犹然：嗤笑的样子。②泠（líng）然：轻妙的样子。

【大意试译】有些人才智可以担任一官的职守，行为可以庇护一乡百姓，德行能投合一君的心意而取得一国信任，他们看待自己也好像只小麻雀一样。而宋荣子不禁嗤笑他们。宋荣子能够做到世上所有的人都称赞他而并不因此就特别奋勉，世上所有的人都诽谤他而并不因此就感到沮丧。他能认定对自己和对外物的分寸，辨别光荣和耻辱的界限，觉得不过如此罢了！他对待人世俗声誉并没有汲汲去追求。即使如此，他还是有未达到的境界。

列子乘风而行，轻巧极了，过了十五天而后回来。他对于求福的事，并没有汲汲去追求。这样虽然免于步行，还是有所凭借的。

倘若顺应天地万物的本性，而把握六气的变化，以游于无穷的境域，他还有什么依待的呢？

所以说，修养最高的人能做到任顺自然、忘掉自己，无意于求功，无意于求名。

【思维评析】至人、神人、圣人以及庄子作品中多次提及的"真人"，其实就是中国式的"超人"。"超"，就是超越——从精神或思维方式上超越外物，即外在的功名或利益，说得更准确一点就是斩断与自己关联的一切外在的依托，不把它们放在心上。不仅如此，还要斩断自己与自己的关联，至少有两层意思：一是不把自己置于与对象世界相对的一极，不让对方为我所用，而是让自己和对方同处在平行而又相通的状态里；二是连自己的形躯或肉身都要从精神上脱离，由此获得纯粹的精神自由。

庄子的"三无"——"无功、无名、无己"树立了超越的人生总目标。这种对个体所依托的一切绝对的超越和获得所谓纯粹的精神自由，显然只能是精神层面的，现实层面上看它其实就是在虚构"乌托邦""理想国""大同世界"，这种虚拟世界对于我们就是无比自由的象征，自由始终是人类的梦想，有梦想才有希望，有梦想才有自主创造。

（二）无名

【原文呈现】尧让天下于许由，曰："日月出矣，而爝火①不息，其于光也，不亦难乎！时雨降矣，而犹浸灌，其于泽也，不亦劳乎！夫子立，而天下治，而我犹尸之，吾自视缺然。请致天下。"

许由曰："子治天下，天下既已治也。而我犹代子，吾将为名乎？名者实之宾也。吾将为宾乎？鹪鹩②巢于深林，不过一枝；偃鼠饮河，不过满腹。归休乎君，予无所用天下为！庖人虽不治庖，尸祝不越樽俎③而代之矣。"

——选自陈鼓应《庄子今注今译》第22页

【难点注释】①爝（jué）火：小火。②鹪鹩（jiāoliáo）：俗名巧妇鸟。③樽俎（zūnzǔ）：酒器。

【大意试译】尧打算把天下让给许由，说："太阳和月亮都出来了，而烛火还不熄灭，要跟太阳和月亮比光亮，不是很难吗？及时雨都降落了，还在挑水浇地，如此费力灌溉对于润泽禾苗，岂不是徒劳么！先生一在位，天下便可安定，而我还占着这个位子，觉得自己很惭愧，请允许我把天下交给你。"

许由说："你治理天下，天下已经安定了。而我却还来替代你，我难道为了名吗？名是实的附属物，我将去追求这次要的东西吗？小鸟在森林中筑巢，所需的不过一棵树枝；鼹鼠到河边饮水，不过喝满肚子。你请回吧，我要天下做什么呢？厨师即使不下厨，祭祀主持人也不会越位代替他烹调的！"

【思维评析】这里探讨了"名实之辨"的内涵，尧让天下于许由，许由认为在天下已得到治理的情况下，接受天下无异于追求名声，名声是次要的东西。庄子进而以"鹪鹩""鼹鼠"的生存需求类比推理而得出人生存需求之"实"，许由表示"天下"对自己来说并没有什么用处，是"名"；而满足生存需求的一切衣食住行之物，才是顺乎人性需要的"实"，正如小鸟的"树枝"、小鼠的"饮水"，而悖逆人性的东西就是约束和限制人的东西，应该舍弃——"名者实之宾也"对名与实关系作出判断之后，最终决断和选择就轻而易举了。

尧和许由一例验证了"无名"才有自由。

（三）警惕富贵和欲望

【原文呈现】持而盈之，不如其已；揣而锐之，不可长保。金玉满堂，莫之能守；富贵而骄，自遗其咎。功遂身退，天之道也。

——选自陈鼓应《老子今注今译》第105页

绝圣弃辩，民利百倍；绝伪弃诈，民复孝慈；绝巧弃利，盗贼无有。此三者以为文，不足。故令有所属：见素抱朴，少思寡欲。

——选自陈鼓应《老子今注今译》第147页

【大意试译】执持盈满，不如适时停止；显露锋芒，锐势难保长久。金玉满堂，无法守藏；富贵而骄，自取灾祸。功业完成，含藏收敛，合于自然之道。

抛弃巧辩，人民可以得到百倍的好处；弃绝伪诈，人民可以恢复孝慈的天性；抛弃伪诈和货利，盗贼就自然会消失。（智辩、伪诈、货利）这三者全是巧饰的，不足以治理天下。所以要使人有所归属：保持朴质，减少私欲。

【思维评析】《道德经》这两章都反映老子对于物质财富、功利和欲望的警惕，所以我们放到一起来阅读思考。我们知道，现实生活中的人这三样东西都必须面对，物质财富是生存的基础，一刻也少不了；功利就是利益和价值考量，也是人们所有行为的首要环节，须臾不能离；欲望可以说是人人皆有的一大属性，没有它，一切就失去动力而不可能发生。老子并没有一味反对这些，而是主张要保持一个合理的度——财富不可太满、富贵不能骄，就是通常说的德要配位、财富适可而止；智慧不可滥用为智辩，欲望不可放大成伪诈。总之，在对财富、名利、地位等外在之物的追求上，要保持节制，而在取与舍上有一个最基本原则，就是要有一个"度"——合于自然之道，不足与过度都不可取。

（四）无己

【原文呈现】大人之教，若形之于影，声之于响。有问而应之，尽其所怀，为天下配。处乎无响，行乎无方。挈汝适复之挠挠，以游无端，出入无旁，与日无始；颂论形躯，合乎大同，大同而无己。无己，恶乎得有有！睹有者，昔之君子；睹无者，天地之友。

——选自陈鼓应《庄子今注今译》第 316 页

【大意试译】至人的教导，就好像形体对于身影，传声对于回响，有提问就有应答，竭尽自己所能，替大家作出对答。（至人）身处于没有声响的境况，往来于没有痕迹的地方，引领着纷杂的世界，而遨游于无始无终的浩渺之境，独来独往，与日俱新；容貌形躯，合于大同，大同便不尽限于自我。不限于自我，怎会执着于形相呢？执着于形相，是从前的君子；体悟着根源，是天地的朋友。

【思维评析】自我是自由的最大障碍，如何跨越它呢？就是消泯自我主体，雁过无痕，鱼游水中，气行四下，去除我执，万有相通。说得再直白点，就是

109

至美与大道
——《道德经》《庄子》精粹选读

转变思维视角，不要把自我置于与对象对立的一极，而是像小水滴一样，让自我融于大海，变成大海的一员，这时自己也就是大海了，也就不会执着于自身形象了，变成了天地的朋友。

（五）无情

【原文呈现】 庄子妻死，惠子吊之，庄子则方箕踞鼓盆而歌。

惠子曰："与人居，长子、老、身死，不哭，亦足矣，又鼓盆而歌，不亦甚乎！"

庄子曰："不然。是其始死也，我独何能无概然！察其始而本无生，非徒无生也而本无形，非徒无形也而本无气。杂乎芒芴①之间，变而有气，气变而有形，形变而有生，今又变而之死，是相与为春秋冬夏四时行也。人且偃然寝于巨室，而我噭噭然②随而哭之，自以为不通乎命，故止也。"

——选自陈鼓应《庄子今注今译》第 484 页

【难点注释】 ①芒芴（huǎnghū）：恍恍惚惚的样子。②噭噭（jiào）然：悲哭声。

【大意试译】 庄子的妻子死了，惠子前往吊唁，看到庄子正分开双腿像簸箕一样坐着，敲着盆子唱歌。

惠子说："你跟死去的妻子生活了一辈子，生儿育女，直至老死，不哭也就算了，还要敲着盆子唱歌，这岂不太过分了吗？"

庄子说："不是这样。当她刚死的时候，我怎么能不哀伤呢？可是观察她起初本来是没有生命的，不仅没有生命而且还没有形体，不仅没有形体而且还没有气息。在若有若无之间，变而成气，气变而成形，形变而成生命，如今又变而为死，这样生来死往的变化就好像春夏秋冬四季的运行一样。死去的那个人将安安稳稳地安息在天地之间，而我还在啼啼哭哭，我认为这样是不通达生命的道理，所以才停止了哭泣。"

【思维评析】 "鼓盆而歌"是有关庄子的一个很令人费解，也很特别的故事。乍一看，我们会觉得庄子很不近人情，但细读文本才觉得庄子是有亲情而又有生命的大情怀——基于亲情，庄子对妻子的去世是哀伤的，这同于常人。但庄子冷静下来思考生命，认为生命就是一个动态的变化过程，就跟春夏秋冬四季的运行过程一样，个体生命的完结其实只是一个小循环的结束，而人群、人类的生命周而复始，循环不已。因此，从理性的角度看，人的生命和人类的生命都是一个自然而然的现象而已。

庄子其实是一个心里有亲情又明自然大道的人。

（六）忘礼乐

【原文呈现】 是故骈于明者，乱五色，淫文章，青黄黼黻①之煌煌非乎？而离朱是已。多于聪者，乱五声，淫六律，金石丝竹黄钟大吕之声非乎？而师旷是已。枝于仁者，擢德塞性以收名声，使天下簧鼓以奉不及之法非乎？而曾史是已。骈于辩者，累瓦结绳窜句棰辞，游心于坚白同异之间，而敝跬誉无用之言非乎？而杨墨是已。故此皆多骈旁枝之道，非天下之至正也。

——选自陈鼓应《庄子今注今译》第 254 页

【难点注释】 ①黼黻（fǔ fú）：黼，白与黑相间；黻，黑与青相间。

【大意试译】 因而纵情于视觉的，就迷乱五色，混淆文采，岂不像彩色华丽的服饰之炫人眼目吗？像离朱就是这类人的代表。纵情于听觉的，就是混乱了五声，放任于六律的，岂不是金、石、丝、竹和黄钟大吕的音调吗？像师旷就是这类人的代表。标榜仁义的，炫耀德行、闭塞本性来求沽名钓誉，岂不是使天下人喧嚷着去奉守不可从的法式吗？像曾参和史鳅就是这类人的代表。多言诡辩的，说了一大堆空话，穿凿文句，游荡心思于坚白同异的论题上，岂不是疲惫精神求一时的名誉而争执着无益的言论吗？像杨朱和墨翟就是这类人的代表。可见这些都是旁门左道，不是天下的正途。

【思维评析】 在庄子眼里，有道之人就是要对俗世的、外在于自己内心的东西做切割，做"断舍离"。这里庄子主要对诉诸视觉、言辞和价值追求等的方面做出切割，认为这些东西都是旁门左道，他认为只有这样才能回归正途；在《道德经·第十二章》中有"五色令人目盲；五音令人耳聋；五味令人口爽；驰骋畋猎，令人心发狂；难得之货，令人行妨。是以圣人为腹不为目，故去彼取此"① 之说，表达了较为一致的观点。

（七）忘形

【原文呈现】 闉①跂支离无脣说卫灵公，灵公说之；而视全人，其脰②肩肩。甕盎大瘿③说齐桓公，桓公说之；而视全人，其脰肩肩。

故德有所长，而形有所忘。人不忘其所忘，而忘其所不忘，此谓诚忘。

---

① 陈鼓应注译：《老子今注今译》，商务印书馆 2020 年版，第 118 页。

故圣人有所游，而知④为孽，约为胶，德为接，工为商。圣人不谋，恶用知？不斲⑤，恶用胶？无丧，恶用德？不货，恶用商？四者，天鬻⑥也；天鬻者，天食也。既受食于天，又恶用人！

有人之形，无人之情。有人之形，故群于人，无人之情，故是非不得于身。眇⑦乎小哉，所以属于人也！謷⑧乎大哉，独成其天！

——选自陈鼓应《庄子今注今译》第178页

【难点注释】 ①闉（yīn）跂：曲足。②脰（dòu）：颈项。③瓮瓷大瘿（wèngàng dàyǐng）：形容颈瘤如大盆。④知：通"智"。⑤斲（zhuó）：砍伤，割伤。⑥鬻（yù）：养。⑦眇（miǎo）：微小。⑧謷（áo）：高大的样子。

【大意试译】 有一个跛脚、伛背、缺唇的人游说卫灵公，卫灵公十分喜欢他；看到体形完整的人，反而觉得他们脖颈太细长了。有一个脖子生大瘤子的人去游说齐桓公，齐桓公很喜欢他；看到体形完整的人，反而觉得他们脖子太细短了。

所以只要有超出常人的德性，形体上的缺陷就会被人遗忘，人们如果不遗忘所应当遗忘的形体的缺陷，而遗忘所不应当遗忘的德性的不足，这才是真正的遗忘。

所以圣人优游自适，而智巧是祸根，誓约是胶执，施惠是交接的手段，工巧是商贾的行径。圣人不图谋虑，哪里还用智巧呢？不割裂，哪里还用胶执？不丧失天性，哪里还用得着恩德？不求谋利，哪里还用着推销？这四种品德就是天养，天养就是禀受自然的饲养。既然受养于自然，又哪里用得着人为！

有人的形体，而没有人的偏情。有了人的形体，所以和人相处；没有人的偏情，所以是非不侵扰他。渺小呀，他与人同群！伟大呀，他超越人群而提升为与自然同体！

【思维评析】 这里节选的四小段讲了四个逻辑层次的内容：先说有道之人的超（反）常感觉，即以丑为美，以不正常为正常，之所以有这种感觉，在于他有超常的德性——"忘"形（体）；再进一步说这种超常德性叫"天养"——禀受于自然而排除人为；最后盛赞有道之人的伟大——犹如水滴之于大海，既不失水滴自身，又不只是水滴（"不偏情"）而与大海一体。

（八）同德天放

【原文呈现】 南海之帝为儵①，北海之帝为忽，中央之帝为浑沌。儵与忽时相与遇于浑沌之地，浑沌待之甚善。儵与忽谋报浑沌之德，曰："人皆有七窍以视听食息，此独无有，尝试凿之。"日凿一窍，七日而浑沌死。

——选自陈鼓应《庄子今注今译》第249页

【难点注释】①儵（shū）：虚构的帝王。

【大意试译】南海的帝王名叫儵，北海的帝王名叫忽，中央的帝王叫浑沌。儵与忽常常到浑沌之处相会，浑沌待他们很好。儵和忽商量报答浑沌的美意，说："人人都有七窍，用来看、听、饮食、呼吸，唯独浑沌没有，我们试着为他凿开。"他们每天凿出一个孔窍，到第七天浑沌也就死了。

【思维评析】这是一个情节简明而道理深厚的故事。儵与忽为报答浑沌的善待之谊，把本来是一个整体的浑沌凿出七个孔窍，结果弄巧成拙，让其死于非命。

其深厚的道理是，一旦违背自然之道而施以人为改造，必然导致灾难，而顺应自然本性，无为而治，才是大道。这一道理在《庄子·马蹄》中称为"天放"①。

（九）突破思维框架

【原文呈现】秋水时至，百川灌河，泾流之大，两涘①渚崖之间不辩牛马。于是焉河伯欣然自喜，以天下之美为尽在己。顺流而东行，至于北海，东面而视，不见水端，于是焉河伯始旋其面目，望洋向若而叹曰："野语有之曰：'闻道百以为莫己若者。'我之谓也。且夫我尝闻少仲尼之闻而轻伯夷之义者，始吾弗信；今我睹子之难穷也，吾非至于子之门，则殆矣，吾长见笑于大方之家。"

北海若曰："井蛙不可以语于海者，拘于虚也；夏虫不可以语于冰者，笃于时也；曲士不可以语于道者，束于教也。今尔出于崖涘，观于大海，乃知尔丑，尔将可与语大理矣。天下之水，莫大于海，万川归之，不知何时止而不盈，尾闾泄之，不知何时已而不虚；春秋不变，水旱不知。此其过江河之流，不可为量数。而吾未尝以此自多者，自以比形于天地而受气于阴阳，吾在天地之间，犹小石小木之在大山也，方存乎见少，又奚以自多！计四海之在天地之间也，不似礨②空之在大泽乎？计中国之在海内，不似稊米之在大仓乎？号物之数谓之万，人处一焉；人卒九州，谷食之所生，舟车之所通，人处一焉；此其比万物也，不似豪末之在于马体乎？五帝之所运，三王之所争，仁人之所

---

① 陈鼓应注译：《庄子今译今注》，中华书局1983年版，第269页。

至美与大道
——《道德经》《庄子》精粹选读

忧，任士之所劳，尽此矣。伯夷辞之以为名，仲尼语之以为博，此其自多也，不似尔向之自多于水乎？"

——选自陈鼓应《庄子今注今译》第 442 页

【难点注释】①涘（sì）：水边。②礨（lěi）空：石块的小孔穴。

【大意试译】秋季的霖雨如期而至，河水上涨，千百条小河注入黄河，水流宽阔，两岸及河中水洲之间，连牛马都分辨不清。于是河伯洋洋自得，以为天下的盛美都集中在他一身。他顺着流水向东方行走，一直到达北海，他向东瞭望，看不见水的尽头，于是河伯改变了自得的脸色，望着海洋对海神而感叹道："俗话说'听了许多道理，总以为谁都不如自己'，这正说的是我了。而且我曾经听说（有人）小看孔子的见闻和轻视伯夷的义行，起初我还不敢相信，现在我亲眼看见了大海您博大到难以穷尽，如果我没有来到您的身边，那就很危险了，我一定会永远被懂得大道的人嘲笑了。"

北海神说："不可与井底之蛙谈论大海的事，这是因为受了地域的局限；不可与夏天的虫子谈论冰冻的事，这是因为受了时间的局限；不可与见识浅陋的乡曲书生谈论大道理，这是因为受了礼教的束缚。现在你从河边出来，看到了大海，才知道你自己的鄙陋，这才可以跟你谈论一些大道理了。天下的水，没有比海更大的。所有的河流都归向这里，不知道什么时候停止，而海水并不减少；无论春天还是秋天都不受影响，无论水灾还是旱灾都没有感觉。容量超过江河的水流，简直不能用数量来计算。但是我并没有因为这样感到自满，我自以为从天地那里具有了形体，接受了阴阳之气。我在天地之间，好比是小石块、小树木在大山上一样，只存在自以为小的念头，又怎么会自满呢！计算四海在天地中间，不就像蚁穴在于大湖之中一样吗？计算中国在四海之内，不就像米粒在粮仓之中一样吗？物类名称有万种之多，而人类只是万物中的一种；人聚集在九州，粮食所生长的地方，个人只是类中的一分子；个人和万物相比，不就像一根毫毛在马身上一样吗？凡是五帝所运筹的，三王所争取的，仁人所忧虑的，贤能之士所勤劳的，都不过如此而已。伯夷辞让以取得声名，孔子谈'仁''礼'以显示渊博。他们这样的自夸，不就像你当初对于河水的自夸一样吗？"

【思维评析】庄子以河伯"望洋兴叹"的寓言，阐释了人类不自由的原因——人类认知的有限性。选文说理的过程集中体现了庄子"类比思维"特征。他将"人类在天地"比作"小石木在大山"，又将"四海在天地"比作"石块在大泽"，进一步将"中国在海内"比作"米在仓库"，意在论证从"道"的角度而言，人类如同微尘，追求名利无疑为自己套上"名利缰锁"，何必因

"仁义"等名声丧失"与道同游"的自由呢？在《庄子·内篇·齐物论》中著名的"朝三暮四"[①]的故事以及《道德经·第四十八章》中的"为学日益，为道日损。损之又损，以至于无为。无为而无不为"[②]，给我们的启示都是改变人的思维方式而带来全新价值观念和全新体验。

二 对比阅读

（一）三达德·三不朽

【原文呈现】子曰："知者不惑，仁者不忧，勇者不惧。"

——选自钱穆《论语新解》第222页

【大意试译】先生说："不断地求取知识，以至于不对现实世界的事物产生困惑；真诚地待人如己，以至于不为个人得失而忧愁；勇敢地实践前行以至于不畏惧任何困难。"

【思维评析】在儒家传统道德中，智、仁、勇是重要的三个范畴，被称为"三达德"——《礼记·中庸》有"夫知、仁、勇三者，天下之达德也"之说[③]，孔子这是在教自己的学生要有自尊、自信、理性、平和、积极向上的人生态度；而与之对应的以"立功、立德、立言"为内容的"三不朽"，作为人生的目标，则印证了儒家人生理想限于或止于人世。

（二）学而时习

【原文呈现】子曰："学而时习之，不亦说乎？有朋自远方来，不亦乐乎？人不知而不愠，不亦君子乎？"

——选自钱穆《论语新解》第3页

【大意试译】先生说："学习后经常用所学的知识，经常复习，不是很愉快吗？有志同道合的人从远方来，不也很高兴吗？别人不了解我但我不生气，不也是有才德的人吗？"

[①] 陈鼓应注译：《庄子今译今注》，中华书局1983年版，第70页。
[②] 陈鼓应注译：《老子今译今注》，商务印书馆2020年版，第250页。
[③] 王国轩译注：《大学·中庸》，中华书局2006年版，第96页。

至美与大道
——《道德经》《庄子》精粹选读

【思维评析】儒家的理想是积极进取的人生，积极进取意味着朝着"仁义"的方向不懈努力，所以在孔子看来"学而时习之"，学习的获得感就是快乐的。值得一提的是，儒家的人生理想不只"独善其身"，更在乎"兼济天下"，推及他人及社会的积极影响，所以当有志同道合者远道而来，孔子是愉悦的，由此可见，儒家的自由在于坚定自己的人生理想，别人不了解自己也有坦然面对的定力。值得注意的是，儒家"人道"的关键在于坚定自己的信念，超越世俗的评价。

（三）不可割舍

【原文呈现】子曰："父母在，不远游。游必有方。"

——选自钱穆《论语新解》第94页

【大意试译】先生说："父母在世时，不远行。若不得已要远行，也该有一定的方位。"

【思维评析】在对待亲情与情感上，孔子和庄子的态度有相同又有不同：孔子极其顾念亲情，因此他可以放弃远行，甚至可以绕开一定的社会规范而"亲亲相隐"，更有"子欲养而亲不待"[①]的无限牵挂等。庄子虽也有所顾及——妻子刚死之时的"慨然"哀伤，但冷静思考而继之以"鼓盆而歌"，则显示出对生命过程了悟之后的洒脱，这就与儒家面对亲情的不可割舍迥乎有别了。

（四）有限超越

【原文呈现】子绝四：毋意，毋必，毋固，毋我。

——选自钱穆《论语新解》第202页

【大意试译】先生平时没有这四种毛病：他不凭空揣测，不绝对化，不固执己见，不自以为是。

【思维评析】"绝四"是孔子的一大思维特点，其特点在于超越或突破个人主观臆测、认知偏见、个人认知局限等，这与老庄的"无己""无为"等切割式的或人为而顺乎自然的"断舍离"式的超越人世的认知方式不同，我们可以称之为"有限的超越"。

[①] 王国轩、王秀梅译注：《孔子家语》，中华书局2009年版，第69页。

三 拓展阅读

（一）自由之梦

【原文呈现】人是生而自由的，却又无时不处在枷锁之中。①

【思维评析】自由是人们憧憬的无上境界，从必然王国到自由王国，首先要突破物质的、名利的等一切有形需求而产生的障碍和束缚，还要突破满足人的心理、精神需求等一切无形需求而带来的麻烦和困境，所以人的一生必然会时时处处存在心向自由而难以抵达自由之境的纠结中。而人生的意义，又正好在于心存自由之梦，用强大的思想和行动之力，一步一步跨越障碍、解除枷锁，获得相对自由得以慰藉，然后再一步一步迈向下一个自由的站点，一点一点走向自由之梦。

（二）情感之缰

【原文呈现】我把人在控制和克制情感上的软弱无力称为奴役。②

【思维评析】为了自由，人们很容易在情感之力驱动下行动。因此人很容易被自己困扰，让自己成为自由的障碍，情感既可以是走向自由之梦的动力，也可能成为其反动力。

情感需要控制。

靠什么东西来控制呢？自身的理智——理智驱动下的意志力。一如道家面对生死的清醒，面对善恶、美丑、天人关系的超然、宽容与和合之态。

思考与活动

【思考探究】

1. 学习这一课之后，你如何理解自由与超越的关系？你认为自由的内涵

---

① ［法］卢梭著，戴光年译：《社会契约论》，武汉出版社2012年版，第5页。
② ［荷兰］斯宾诺莎著，贺麟译：《伦理学》，商务印书馆2013年版，第166页。

是什么？

2. 道家和儒家观念里，对自由与超越的理解有什么不同？分别对你有何启示？

3. 选择一位西方先哲与庄子、老子或孔子、孟子对比，看看他们之间对自由的看法有何异同，并思考在自己的人生里如何融通和运用其有价值的部分。

【尝试阅读】

1. 熊培云著：《自由在高处》，新星出版社2015年版。
2. 张世英著：《进入澄明之境》，商务印书馆2020年版。
3. 傅佩荣著：《哲学与人生》，东方出版社2012年版。
4. 许倬云著：《中西文明的对照》，浙江人民出版社2013年版。
5. 吴宓著：《文学与人生》，清华大学出版社1993年版。
6. ［英］伯特兰·阿瑟·威廉·罗素著，黄菡译：《幸福之路》，天津人民出版社2021年版。

参考文献

阿尔蒙德，2021．关于善与恶的对话［M］．刘余莉，杨宗元，译．北京：中国人民大学出版社．
安小兰，2008．荀子［M］．北京：中华书局．
柏拉图，2012．裴多［M］．杨绛，译．北京：中国国际广播出版社．
贝多芬，2001．贝多芬书信选［M］．孟广钧，译．沈阳：辽宁教育出版社．
布朗，2019．归属感［M］．邓樱，译．北京：中信出版集团．
蔡元培，2014．中国人的修养［M］．北京：中国画报出版社．
陈鼓应，1983．庄子今注今译［M］．北京：中华书局．
陈鼓应，2020．老子今注今译［M］．北京：商务印书馆．
程俊英，1985．诗经译注［M］．上海：上海古籍出版社．
茨威格，2019．人类群星闪耀时［M］．梁锡江，译．南京：江苏凤凰文艺出版社．
丹纳，2012．艺术哲学［M］．傅雷，译．南京：江苏文艺出版社．
笛卡尔，2013．谈谈方法［M］．王太庆，译．北京：商务印书馆．
杜威，2015．我的教育信条［M］．罗德红，杨小微，编译．上海：华东师范大学出版社．
弗兰克尔，2010．活出生命的意义［M］．吕娜，译．北京：华夏出版社．
傅佩荣，2011．自我的意义［M］．北京：北京理工大学出版社．
傅佩荣，2012．哲学与人生［M］．北京：东方出版社．
歌德，1983．浮士德［M］．董问樵，译．上海：复旦大学出版社．
龚群，1991．人生论［M］．北京：中国人民大学出版社．
管仲，1995．管子［M］．北京：北京燕山出版社．
郭齐勇，2018．中华文化精神的特质［M］．北京：生活·读书·新知三联书店．
荷尔德林，2016．荷尔德林诗集［M］．王佐良，译．北京：人民文学出版社．
黄寿祺，梅桐生，1984．楚辞全译［M］．贵阳：贵州人民出版社．

康德, 2003. 实践理性批判 [M]. 韩水法, 译. 北京: 商务印书馆.

康德, 2017. 任何一种能够作为科学出现的未来形而上学导论 [M]. 庞景仁, 译. 北京: 商务印书馆.

克里希那穆提, 2010. 重新认识自己 [M]. 若水, 译. 深圳: 深圳报业集团出版社.

李泽厚, 2009. 美的历程 [M]. 北京: 生活·读书·新知三联书店.

梁启超, 2012. 清代学术概论 [M]. 北京: 东方出版社.

梁漱溟, 2018. 人心与人生 [M]. 上海: 上海人民出版社.

林清玄, 2006. 在云上 [M]. 石家庄: 河北教育出版社.

刘安, 2020. 淮南子 [M]. 北京: 团结出版社.

楼宇烈, 2011. 中国的品格 [M]. 海口: 南海出版公司.

卢梭, 2012. 社会契约论 [M]. 戴光年, 译. 武汉: 武汉出版社.

卢梭, 2017. 爱弥儿 [M]. 李兴业, 熊剑秋, 译. 北京: 人民教育出版社.

罗素, 2021. 幸福之路 [M]. 黄菡, 译. 天津: 天津人民出版社.

彭刚, 2022. 西方思想史十二讲 [M]. 北京: 人民文学出版社.

钱穆, 2014. 论语新解 [M]. 北京: 生活·读书·新知三联书店.

钱穆, 2018. 湖上闲思录 [M]. 北京: 生活·读书·新知三联书店.

全增嘏, 1988. 西方哲学史 [M]. 上海: 上海人民出版社.

饶贵民, 2010. 人生三论 [M]. 北京: 人民出版社.

任厚奎, 欧阳荣庆, 徐开来, 等, 1988. 西方哲学概论 [M]. 成都: 四川大学出版社.

萨特, 1988. 存在主义是一种人道主义 [M]. 周煦良, 汤永宽, 译. 上海: 上海译文出版社.

塞利格曼, 2010a. 认识自己接纳自己 [M]. 任俊, 译. 沈阳: 万卷出版公司.

塞利格曼, 2010b. 真实的幸福 [M]. 洪兰, 译. 沈阳: 万卷出版公司.

莎士比亚, 2016. 一报还一报 [M]. 彭发胜, 译. 北京: 外语教学与研究出版社.

叔本华, 2018. 爱与生的苦恼 [M]. 金玲, 译. 北京: 金城出版社.

司马迁, 1959. 史记 [M]. 北京: 中华书局.

斯宾诺莎, 2013. 伦理学 [M]. 贺麟, 译. 北京: 商务印书馆.

苏轼, 1986. 苏轼文集 [M]. 孔凡礼, 点校. 北京: 中华书局.

苏炜, 2022. 听大雪落满耶鲁 [M]. 桂林: 广西师范大学出版社.

孙子，2011. 孙子兵法 [M]. 陈曦，译注. 北京：中华书局.
梭罗，2015. 瓦尔登湖 [M]. 王义国，译. 北京：中国文联出版社.
索尔特，2021. 梭罗传 [M]. 贾辰阳、王锦丽，译. 北京：北京大学出版社.
托利，2009. 当下的力量 [M]. 曹植，译. 北京：中信出版社.
汪丁丁，2014. 人与知识 [M]. 北京：东方出版社.
王国轩，2006. 大学·中庸 [M]. 北京：中华书局.
王国轩，王秀梅，2009. 孔子家语 [M]. 北京：中华书局.
王小波，2005. 思维的乐趣 [M]. 北京：中国人民大学出版社.
王阳明，2018. 传习录 [M]. 北京：九州出版社.
韦政通，2009. 中国的智慧 [M]. 长春：吉林出版有限公司.
吴宓，1993. 文学与人生 [M]. 王岷源，译. 北京：清华大学出版社.
熊培云，2015. 自由在高处 [M]. 北京：新星出版社.
徐贲，2014. 明亮的对话 [M]. 北京：中信出版社.
徐贲，2015. 阅读经典 [M]. 北京：北京大学出版社.
许慎 1963. 说文解字 [M]. 北京：中华书局.
许倬云，2013. 中西文明的对照 [M]. 杭州：浙江人民出版社.
荀况，2011. 荀子 [M]. 方勇，李波，译注. 北京：中华书局.
亚里士多德，1965. 政治学 [M]. 吴寿彭，译. 北京：商务印书馆.
杨伯峻，1990. 孟子译注 [M]. 北京：中华书局.
张世英，2022. 进入澄明之境 [M]. 北京：商务印书馆.
张双棣，张万彬，殷国光，等，2011. 吕氏春秋 [M]. 北京：中华书局.
中共中央马克思恩格斯列宁斯大林著作编译局，2012. 马克思恩格斯选集：第3卷 [M]. 北京：人民出版社.
中央广播电视大学文学教研室古代文学组，1986. 中国古代文学作品选 [M]. 北京：北京大学出版社.
周国平，2012. 无用之用 [M]. 上海：上海三联书店.
周国平，2016. 每个人都是一个宇宙 [M]. 长沙：湖南文艺出版社.
朱光潜，2017. 把心磨成一面镜子 [M]. 北京：中国轻工业出版社.
宗白华，2018. 美学的境界 [M]. 北京：文化发展出版社.

后　　记

在十年前的一次培训会上，查有良先生对台下包括我在内的一百多个"四川教育专家培养对象"说："你们这些搞教育的，动辄谈西方教育理论，有几个认真读过《学记》《论语》等讲中国传统教育理论的？"重击之下，我再次开始对中华传统元典进行较为系统和深入的学习和思考。

2013—2017年，围绕省级课题"以《论语》为基点的思维教育应用研究"，我和工作室团队开展了两个方面的研究：一是教师对《论语》和《孟子》等有关原典的阅读研习，二是师生的《论语》课堂阅读教学研究。我们先后围绕杨伯峻的《论语译注》和《孟子译注》、钱穆的《论语新解》、李泽厚的《论语今读》等注本展开阅读，并参照傅佩荣的《论语之美》、杨义的《论语还原》等著作以加深理解和会通。课堂教学上，我们着手编写试用教材《在孔子的屋檐下——〈论语〉思维教育导读》，以此为基础开展《论语》课堂专题教学，并在成都市高中语文精品菜单培训课、四川省教育专家培养对象培训课以及银川、江门、佳木斯、成都等地参与国内《论语》和传统文化相关研讨活动。历时四年，我们在郫都区第一中学、成都树德中学（外国语校区）、四川省双流中学、电子科大附属实验中学、泸州高级中学展开两轮课堂实验，修订完善试用教材，该教材最终入选"成都教育丛书"，由四川大学出版社出版并在成都市和四川省推广使用。同时，我们主要获得如下认识成果：第一，中华优秀传统文化元典是思维教育和思维能力培养的最有价值、最可靠的教育资源支撑。第二，《论语》是中华优秀传统文化元典学习的首选。其思维教育价值在于思维方式习得与内化，主要有直观直觉思维方式、人文比德思维方式、整体辩证思维方式、中庸中道思维方式、由己及人思维方式等。第三，老庄原著作为中华优秀传统文化元典的有机组成部分，是思维教育和思维能力培养不可或缺的教育资源。

2018年起，我们开启成都市名师专项课题"以老庄为基点的思维教育应用研究"的研究。不同于上一个课题，我们的研究着力点在于原著的研读和课程教材的编写。原著研读，主要围绕钱穆的《庄子纂笺》《老庄通辨》、陈鼓应的《老子今注今译》《庄子今注今译》、曹础基的《庄子浅注》等展开，同时参读陈鼓应的《老庄哲学新论》、郑开的《庄子哲学讲记》、杨立华的《庄子哲学研究》、王博的《庄子哲学》、杨义的《国学会心录》和张祥龙的《中西哲学导论》等阐释性专著，意在精准把握老庄原著的基本思想内涵和基本思维方式方法特征。

　　课程教材的编写，是以老庄原著基本思想、基本思维方式方法为主轴，与以孔孟为代表的儒家思想和西方先哲相关思想以及思维对照，最终与当下人们精神困境以及思想思维出路建立交集或坐标。我们抽绎出"认识自己""真人真知""争与不争""为善去恶""有用无用""内外之化""美与丑""生与死""天道与人道""自由与超越"十个内容话题，设想它们正是所求"交集"上的十个逻辑聚焦点，合而构成有一定结构性的逻辑链。这十个内容逻辑点就是课目，每一课目之下，设计五大模块：①课首文字，即简短导语：对本课内容做总体解说和导读，其中三个"内容链"显示选文部分内容核心线索。②核心阅读：主要以陈鼓应的《老子今注今译》《庄子今注今译》为蓝本，选取老庄原著文段（文段末的出处页码均以此二书为准，便于读者参照），对个别文字难点加以注解，给出相应译文，并侧重从思想价值和思维特征等方面给出"思维评析"——这是本书的重点环节。需要说明的是，这个部分选文与内容链的链接之间，并非都为一一对应关系。③对比阅读：主要选择与"核心阅读"思想和思维相关的《论语》《孟子》（以钱穆《〈论语〉新解》和杨伯峻《孟子译注》为依据）等儒家原著的精短文段并翻译和做思想以及思维解读。④拓展阅读：以核心话题为基准，选择西方先贤经典名言做思想以及思维解读。所有选文均列出精准出处，便于读者查阅。⑤思考与活动：每课后【思考探究】给出具有思辨、理解或应用价值的问题，启发读者思考；【尝试阅读】活动，列出建议的相关阅读书籍，供读者进一步拓展阅读和思考，以加深对有关话题的理解。

　　这是我们不揣深浅来编写这本书的初衷。

　　需要特别说明的是，本书各课的【难点注释】和【大意试译】参考了陈鼓应注译的《老子今注今译》（中华书局2020年版）、《庄子今注今译》（中华书局1983年版），钱穆的《论语新解》（生活・读书・新知三联书店2014年版），以及杨伯峻的《孟子译注》（中华书局1990年版）等书籍。其他有关参考书目，恕不一一说明。

　　以"选修""课内外读物"身份，《庄子》《老子》已然进入新课改视野。其实，从中华精神文化元典维度看，这两部原著与《论语》《孟子》一样，都应该成为每一个中国人的"必读书"。中国人的"精神底色"如何，中国的"文化软实力"如何，以及当下中国人的"空心病"治疗方法等等，似乎都可以从这里找到答案。

愿中华元典研读成为常态，成为学生的必学课目，也成为中国人的终身读物，而不是一波又一波"读经"热潮过后重回冷淡！

感谢编写组成员的辛苦付出，感谢唐代兴老师百忙之中为本书作序，感谢罗晓晖老师的指导，感谢四川大学出版社梁平老师和陈克坚老师，感谢成都市教育科学研究院、郫都区教育局、郫都区第一中学有关领导的支持，谢谢你们！

蒲儒刬

2023 年 4 月 2 日